JN289649

パパとニューギニア

子供たちの
パプア・
ニューギニア

日本の中の
パプア・
ニューギニア

川口 築
Kawaguchi Kizuki

花伝社

パパとニューギニア◆目次

I　パパとニューギニア●5

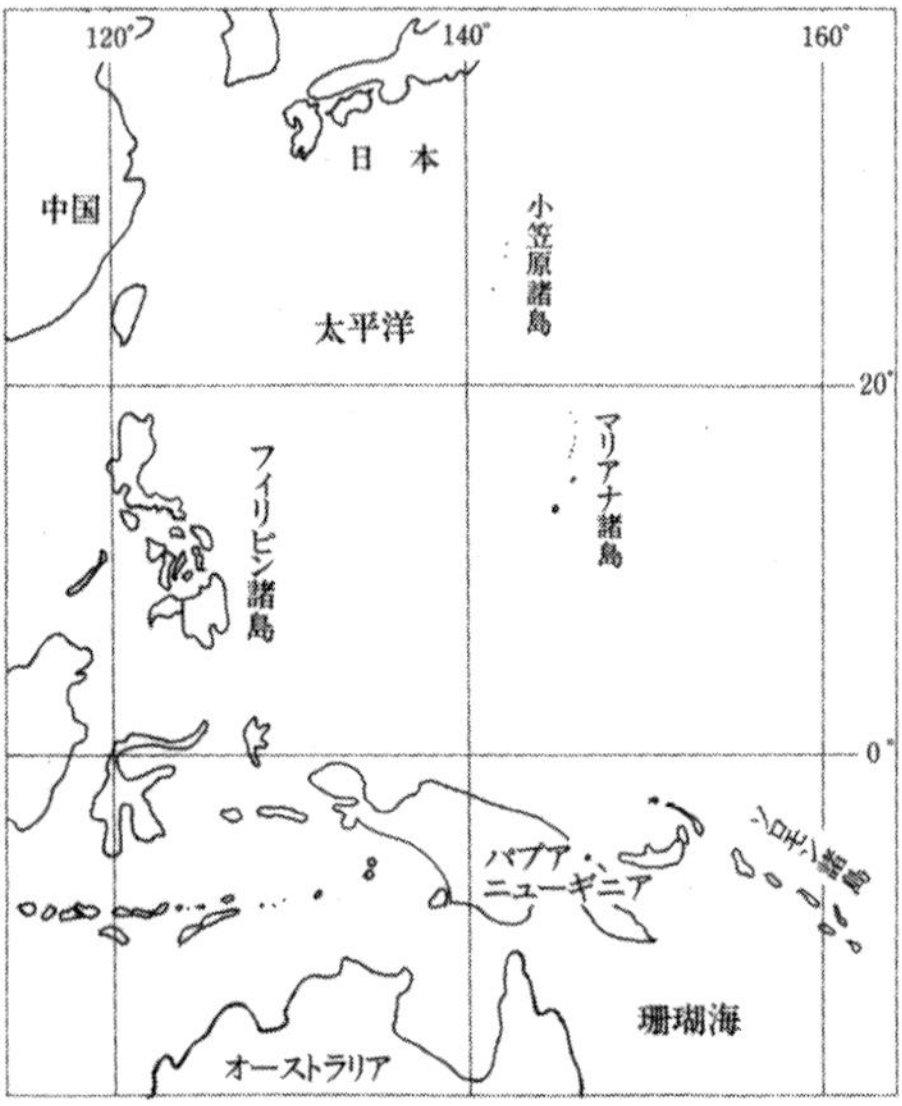
120°
140°
160°
日 本
中国
小笠原諸島
太平洋
20°
マリアナ諸島
フィリピン諸島
0°
ソロモン諸島
パプア
ニューギニア
珊瑚海
オーストラリア

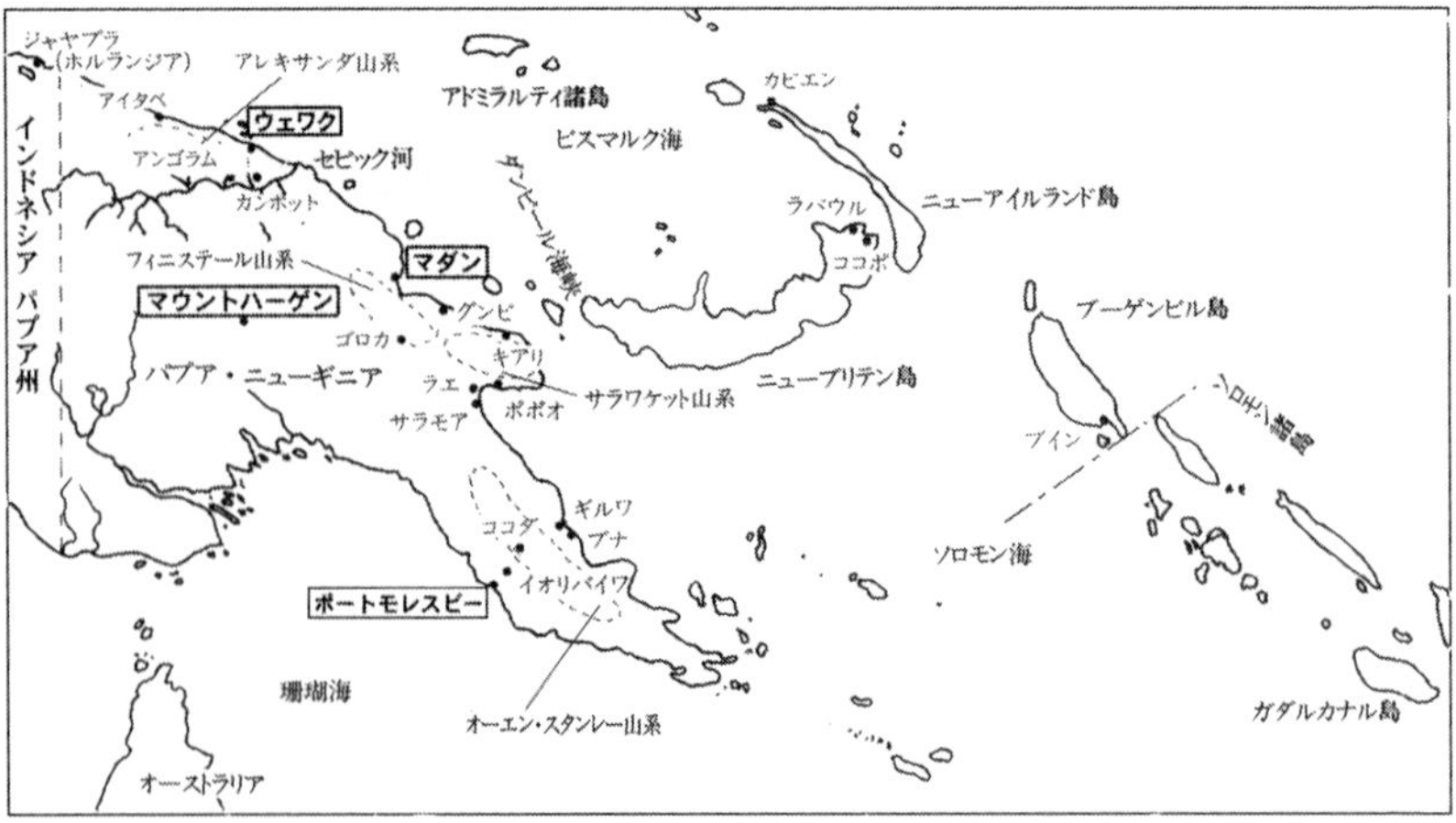
ジャヤプラ
(ホルランジア)
アレキサンダ山系
アイタペ
アドミラルティ諸島
カビエン
ウェワク
ビスマルク海
アンゴラム
セピック河
インドネシア パプア州
カンボット
ダンピール海峡
ラバウル
ニューアイルランド島
ココポ
フィニステール山系
マダン
マウントハーゲン
グンビ
ブーゲンビル島
ゴロカ
キアリ
パプア・ニューギニア
ラエ
ニューブリテン島
サラワケット山系
サラモア
ポポオ
ブイン
ソロモン諸島
ギルワ
ココダ
ブナ
ソロモン海
イオリバイワ
ポートモレスビー
珊瑚海
オーエン・スタンレー山系
ガダルカナル島
オーストラリア

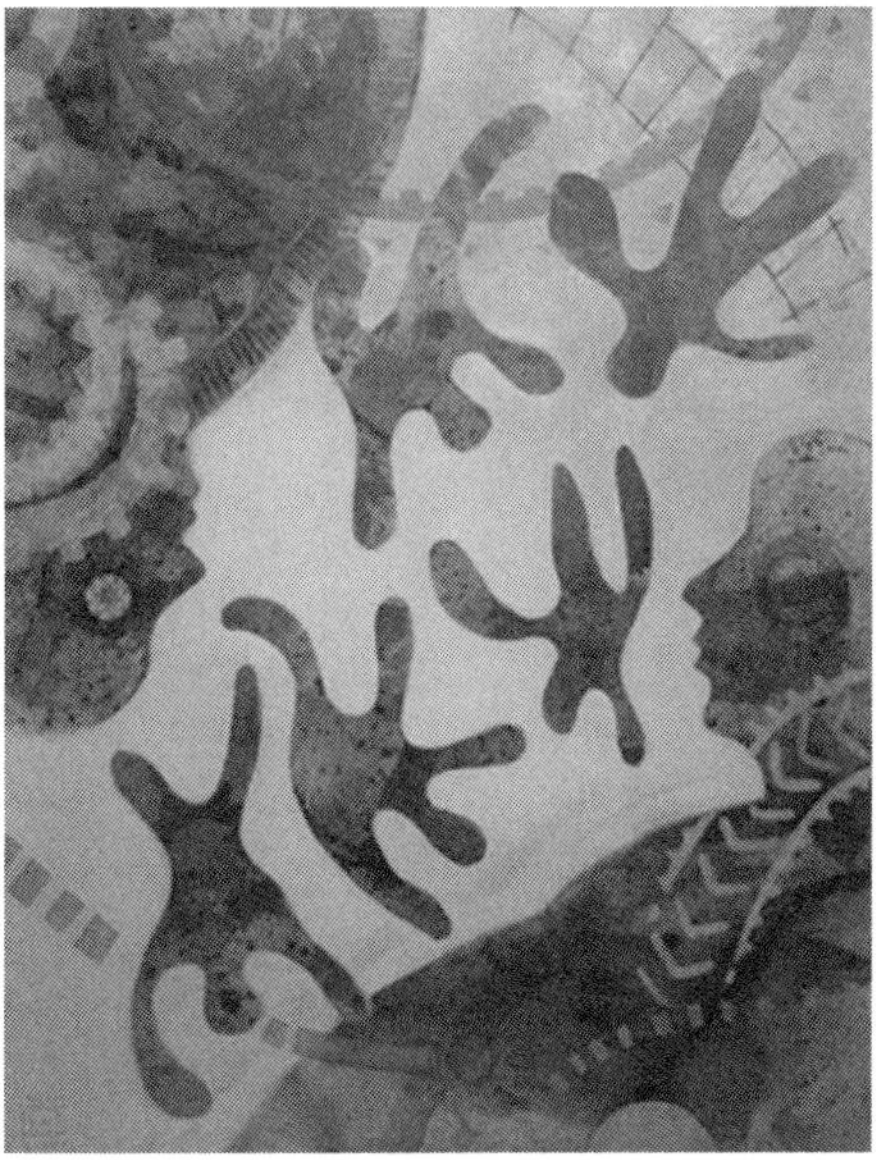

I

パパとニューギニア

1　シンシン

「ウオーッ　ワオー　ワオワオー」

「ドンドンドン　ドンドンドン」

喚声と太鼓の音が響き渡る。土煙が舞う。

踊りの練習の始まりだ。

二〇〇一年八月一八日朝、パプア・ニューギニア最大のイベント、マウントハーゲンショーの準備である。

この祭りは、シンシンと呼ばれる踊りのコンテスト。唄と踊りを競うため、多くの村から踊り手達が集まってくる。今回は八三のグループが参加している。

昼からのショーの開始に合わせ、会場であるラクビー場の周りで、踊り手達が入念に化粧をし、そして踊りの最終調整をしている。カラフルな極楽鳥の羽根を頭に挿したり、キナの貝を首に巻いたり、椰子の葉を腰に着けたりと豪華な飾り付けが行われる。顔にペイントしている人もいる。皆んな真剣そのものだ。時間が経つごとに陽射しが強くなる。それにつれて踊り手の熱気も上がってくる。踊りの練習があちこちで始まり、もう本番同様の盛り上がりである。

「ウオーッ　ワオー　ワオワオー」

「ドンドンドン　ドンドンドン」

「着付け」を終えた女性陣が胸やお尻をあらわに出して激しく踊っている。

小学校一年生と幼稚園年中組の息子たちはこの踊りに釘付けになっている。

「うああ〜　おっぱいぶらぶら、おしりぷりぷりや〜」

ほおお、案外うけている。

やっぱり男の子だ……。

シンシンのボルテージは益々上がっていく。

2　関空の夜行便で出発だ

「ええ　ほんまに行かはんの　家族で」
　正月休みに、子連れでパプア・ニューギニアに行こうと思い立った。子供たちは六歳と三歳の幼稚園児でワンパク盛りの息子たちである。ちょっと大変かなとは思ったが周囲の反応は概して
「子供さんもねえ……。かわいそうに……」
という冷ややかなものである。これをもっと正確な日本語にすると
「親父の変な趣味に家族を付き合せて、幼い子供をややこしいところに連れて行くなんて常識はずれだし家族が可愛そうだ。ハワイかグアムかもっと安心できるところに連れて行けばいいのに」
ということである。

う～ん、確かに言われてみれば、一理はある。パプア・ニューギニア。ジャングルに首狩り族や人喰い人種が走り回る国。文明国から最も対極にあるワイルドな国……。パプア・ニューギニアに対する一般的なイメージは大概こんなところだろうか。そんな「ややこしいところ」に連れて行ってどうするねん！　ということであろう。しかしこちらにも「二理」ほどある（理由は後述。でもちょっと「無理」もあるかな……）。まあ、いずれにせよ家族会議（というか家内との話合い）の結果、二〇〇〇年一一月下旬、急遽パプア・ニューギニア旅行が決定した。

今回の旅行は、パプア・ニューギニア北部海岸にあるマダン、ウェワクそして南部のパプア湾に面している首都のポートモレスビーを訪ねるという行程である。ポートモレスビーまでは関西空港からの夜行直行便で入る（現在では成田空港からの直行便がある）。

二〇〇〇年一二月二九日、出発地の関西空港へは羽田空港経由で行く。地下鉄都営三田線、浅草線、京浜急行を乗り継いで、羽田空港へ向かう。「エアポート快速特急」というのが走っているため、都営線沿線の住人としては随分早く便利になった。

羽田空港は一四時四〇分発。次男にとっては初めての飛行機である。しかし緊張感はゼロ。むしろニコニコである。それはジュースをもらっているからである。

関空には一五時五五分に着いてしまう。出発は夜の二一時三〇分なので、充分過ぎる時間がある。空港のレストランをあれこれ品定めし、結局中華の夕食をとる。子供たちはもう食欲旺盛。チャーハンと焼きそばをパクついている。元気なのはいいが大丈夫か？　機内でも夕食がでるんよ～。

パプア・ニューギニアのナショナルフラッグはニューギニア航空 (air-nuigini)。一九七三年の設立であり、この国の独立（一九七五年）以前から就航している。それまで運行していたオーストラリアの航空会社二社とパプア・ニューギニア自治政府とが合体することによって設立された。その日本支社長の島田さんと女性スタッフの菱山さんにお会いする。席のアレンジも考慮していただいてあり助かる。菱山さんは自分の背丈の半分以上もある大きな黄色いズタ袋の口を豪快に締めておられる。何でもポートモレスビーの本社へ送る荷物とか。一所懸命仕事をされているが、実は彼女は、何と新婚旅行で来られているのである。「関係者」とはいえ、パプア・ニューギニアへのハネムーナーと会うのは初めてである。

まだ、一九時前である。まだまだ時間がある。子供たちはこれ幸いに、

「ゲームしよ」

と言う。最近我が家では将棋とオセロが流行っている。今回は子供たちが駒と紙製の盤を持ってきている。ベンチに拡げ、あれやこれやと取り組む。日頃のイライラした時間の中ではゆっくり

と付き合ってやれないが、こういう時間はかえって貴重である。

二一時ちょうど、搭乗手続きが始まった。チケットを通すと、いきなり子供たちはダッシュし始めた。ボーディングブリッジを全力で走っていっている。島田さんは飛行機の入り口で出迎えておられ、立ち止まった子供たちにハッパをかけられる。

「さあ、男の子。勇気を出して行ってみよう！」

勇気を出した？　子供たちはニコニコと機内に入っていく。クリスマスの飾り付けがなされていて綺麗だ。しばらくして島田さんが飛行機に入ってこられる。支社長自ら機内アナウンスをされるのだ。大忙しである。

「フライト時間は、関西空港を離陸後ポートモレスビー・ジャクソン空港まで、およそ六時間を予定しております。関西空港を離陸しますと、およそ二時間三〇分でグアム島の上空を通過いたします。五時間後に赤道を越えまして、現地時間の明朝五時一〇分ポートモレスビー・ジャクソン空港に到着の予定でございます。日本とパプア・ニューギニア、オーストラリアには一時間の時差がございます。当機が出発いたしましたら時計の針を一時間進めてください」

二一時三〇分、轟音とともにＰＸ０５５便は夜の大阪湾を飛び立った。彼らにとって初めての国際線で夜行便。さてどんな旅になることやら……。

3　初めてのパプア・ニューギニア――マダン

朝三時三〇分起床。早い朝ご飯だ。今日はポートモレスビーのジャクソン国際空港で即マダン行きに乗り換えである。昨晩機内で焼肉のディナーをいただいたばかりだが朝食はとっておいた方が良い。フルーツ、パン、ヨーグルトそれに飲み物が出てくる。子供たちにとってはそこそこのボリュームである。見ると次男は、ジュースを飲み、すっかり食事を平らげた上に大カップに入ったミルクもがぶ飲みしている。どうもママの分も飲んでしまったようだ。大丈夫か？

五時五分、到着五分前である。と、

「あっ、あげたー」

次男が食べたものを戻してしまったのである。食い過ぎだ。次男は日頃から食欲の旺盛な子だ。

幼稚園の参観日のとき、保護者も交えてのフリートーキングがあったようだ。その際子供さんの食の細いことを心配されている親御さんが、うちの家内に言った。

「川口さんのお子さんは『しっかり』食べられているそうですけど、特に何か離乳食で工夫されてらしたんでしょうか？」

「しっかり」とは何とも配慮のある表現だが、要は「良く食う」ということである。どうも率先しておかわりをしているようだ。これは遺伝かも知れない。

家庭では家内が食べ過ぎないようにと、いつも気を配っているが、旅行中でもあり、ついついスキがでてしまったようだ。外食は難しい。


早朝五時一〇分、ジャクソン国際空港に着陸。子供たちにとっての初の海外に踏み込むのである。

パプア・ニューギニア。

オセアニアのメラネシア（「黒い島々」の意）に分類される人口五〇〇万を超す巨大国。七〇〇の島々と七〇〇の言語、熱帯雨林から高山植物、野生から現代文明と多様性に富んだ国。

「さあ、君たちの初めての外国」

颯爽と入国‼と思いきや、グッタリしている次男はだっこされての入国……。さてどうなることやら……。

白くて綺麗なターミナルビルに入ると、明るくカラフルに描かれた壁画が眼に飛び込んでくる。数人のパプア・ニューギニア人が熱帯雨林から大きな笑顔をのぞかせているというデザインだ。

ジャクソン国際空港のエントランス。

これはピーター・エラというコンピューターグラフィックアーチストの作品だ。この若者は、パプア・ニューギニア大学造形学部のボブ・ブラウン氏によるアイデアを六ヶ月間かけて壁画にしている。伝統的な素材であるのに新鮮さを感じさせる気持ちの良い作品である。若い国にふさわしいエントランスだ。

相変わらずグッタリしている次男を抱え、イミグレーションを越える。すると息子たちが突然叫んだ。

「あっ、回転寿司だ」

預けた荷物を載せているターンテーブルが回転寿司に見えたのだ。確かにそう言われれば似ている。しかし惜しい！　実際は発想が逆なのである。回転寿司は「元禄寿司」の創業者である白石義明氏が人手不足解消のために創りだしたアイデアである。一九五八年に一号店を東大阪市に出したが、一九七〇年の大阪万博での出店で世に知られるようになった。彼は、組合の研修でたまたま行ったアサヒビール吹田工場でビールのコンベアを見てヒントを得、回転寿司のコンベアを開発した(神山典士『歴史エッセイ　海を渡った日本文化　白石義明』ITスクエア)。つまり、回転寿司→ターンテーブルではなく、ターンテーブル→回転寿司なのである。それにしても本式の寿司屋さんに連れていったことがないだけに、この大声には複雑な思いだ。

手荷物を取り、両替を済ますと一旦建物の外に出て、隣のドメスティック空港ビルへと歩く。まだ陽射しも柔らかく青空が澄んでいる。

「ピー、ピー」

短く太い鳥のさえずりが響く。ママにおぶられた次男の表情にもにこやかさが戻ってきた。清々しい空気の中を四人して歩く。これが家内と子供たちのパプア・ニューギニア第一歩である。

実はパプア・ニューギニア旅行には少なからず抵抗があった。私は単独旅行やボランティア活動などで以前に訪れているため、この国にほとんど違和感がなく、むしろ大好きな方である。ところが家内は違った。まあ旦那があまりに「行こ行こ」と言うものだから、ついうっかりと乗ってしまった口である。もちろん我が家は「普通の」家よりはパプア色が強く、慣れている面はある。パプア・ニューギニアの本や工芸品が結構あるのである。和室にはセピック流域の民芸品「ストーリーボード」（物語を彫刻した木の板）がぶら下がっている。玄関の靴箱の上にはこれまたセピックの木彫りの人形が転がっている。テレビのラックにはビルム（編みショルダーバッグ）がぶら下がっている。棚にはカラフルな極楽鳥をあしらったパプアのビール（サウスパシフィックビール）の空き缶が載っている。おっと、巨大なペニスケースも載っていた。この様に我が家はパプアとさりげなく共生している。さらにハイランド（高地帯）の綺麗な写真が載ったパプア・ニューギニアの観光ポスターをもらったので、これに乗じて壁に貼ろうとしたが、これは家内に阻止された。

それでも家内はいざ自分が行くとなると、色々と考えたようだ。

図書館で『クストー隊の世界探検6　地上の楽園を発見』（ジャック・イヴ・クストー、三田克也、京都同朋社出版）というのを借りてきた。子供向けに世界の事柄を簡単に見やすく紹介した本だ。写真がふんだんに掲載されている。子供たちへの予告編として借りてきたのだが、家内の方が真剣に見ていたようだ。そこには、裸の身体をカラフルに塗ったくったり、派手な飾り付けをしたりしている原住民の姿が数多く掲載されている。どうも家内はこんな人が町中にも歩いていると考えていたようだ。

「こんな人にあったら、『ひく』よねえ〜」

かなり心配であったようだ。

「子供たち泣くと思うわ」

パプア・ニューギニア人のイメージ？

しかし実際にこのような人に会うことは殆んどない。シンシン等のイベントや観光目的のショーで見られるくらいである。実際私も三回当地に来ているが、片方の頬に黄色い顔料を塗った人に僅かに一度遇ったきりである。大半のパプア・ニューギニアの人たちはそのような格好をしていない。Tシャツに短パンというのが一般的である。派手な化粧や装束は祭りとか特別の場合に限られた場所でなされるものである。ちょうど秋田県の「なまはげ」が年中町中を闊歩していないのと同じだ。

また念のためマラリアの薬を買うことにした時の話である。

パプア・ニューギニア国内にはマラリアの発生地域がある。特に低地のジャングル地帯にその発生が多い。乾燥した市街地や高地帯は危険性が少ない。マラリア（語源はイタリア語「マラ・アリア」悪い空気の意味）は、ハマダラ蚊に刺されることによって発病する。主に悪寒、高熱、発汗が繰り返され身体が消耗するため厄介である。危険度の高い地帯に行く場合は、予防薬を飲むなり、ハマダラ蚊に刺されない工夫をするなりの対策が必要である。刺されない工夫としては、肌を極力出さない、ハマダラ蚊が活動をする明け方と日没前後に出歩かない、ハマダラ蚊は高く飛べないので二階にいる、ハマダラ蚊が襲ってきたら逃げる（実際に逃げた人が知り合いにおられる。ハマダラ蚊は大きいので良く見えたそうだ）等々。

マラリアの歴史は古い。アフリカからエジプト・ギリシャ・ローマ・中国と文明圏に伝播した。日本では平清盛がマラリアで亡くなったのではないかと言われている。現代では太平洋戦争中においての南方の占領地域での感染、そして戦後は引揚者による「復員マラリア」の急増が大問題となった。現在世界の人口の約半数がマラリア感染の可能性がある地域に住んでおり、年間一〇〇万人から二〇〇万人の方が亡くなっていると推定されている。そして日本では各地でマラリアの発生の記録があり、特に滋賀県彦根市では戦後大きな被害があった（橋本雅一『世界史の中のマラリア』藤原書店、飯島渉「マラリアは語る」『ＵＰ』東京大学出版会）。また最近は航空機による交通システムの拡充によって「無賃搭乗」してくるハマダラ蚊がいるようだ。そのため空港周辺でマラリアが起こっており、これは「空港マラリア」と呼ばれ、欧米で時々発生している（響堂新『飛行機に乗ってくる病原体』角川ｏｎｅテーマ）。なお、太平洋戦争中、強制疎開によって「戦争マラリア」に罹り、多くの人命を失った沖縄県石垣市に建設された「八重山平和祈念館」にはマラリア関係の貴重な資料が集められている。

マラリアの薬は日本では扱っているところが少なく、紹介してもらった都内の薬局とやりとりをした。下痢止めも合わせると、二人分で一万六〇〇〇円もかかってしまうとのこと。家内に説明した。

　すると、

「そんなもの飲まなくちゃいけないの～」

　確かにえらいとこ行くなあという感じである。同じ熱帯でもタイのプーケットやインドネシアのバリ島に行った時には、マラリア薬は飲まなかった。生まれて初めての経験だ。

　家内の中で不安が膨張する。

　しかし結局この薬は飲まないことにした。この薬局に相談したところ、渡航者の身長・体重や渡航地域等を聞かれた。先ず子供たちはまだ小さいので止めた方が良いということになった。肝臓に負担が掛かり過ぎるからである。また渡航予定地に汚染地域はなさそうなので心配ないだろうとのことであった。もともと今回は家庭向けの安全コースを設定しているので、まあいいかということになった。薬は一応買って万一罹ったら治療薬として飲むことにした。予防薬といっても実は治療薬の量を減らしているものだからだ。また潜伏期間が二週間程度なので発病するとしても帰国後になる。そして体力のない子供たちでさえ飲まないのだからと大人の我々も飲むのを控えることにした。飲まないに越したことはない（因みにパプア・ニューギニアで買えばかなり安い。薬局で手軽に手に入る）。代わりに「虫除けスプレー」や「蚊取り線香」を充実させる。

「ノートもっていこ～」

「ビーダマも」

子供たちは家内の不安をよそに一ヶ月前から旅行準備に入った。

「ピー、ピー」

空港ターミナルの外、爽やかな鳥の鳴き声がまた聞こえた。家内の不安を吹き飛ばすような澄み切った声である。

六時五〇分マダンに向け国内線ＰＸ１８０便は出発。熱帯雨林をひとっ飛び、七時五〇分に到着する。

「ウッ、あげる〜！」

次男はまだまだ快復していないようだ。ママに抱かれてぐったりしている。子供というものはグッタリすると大変重い「荷物」と化してしまう。我々の旅行手荷物がひとつ増えてしまったようだ。

マダンは、ニューギニア島の北東海岸にある美しい港町。ケビエン（ニューアイルランド島）、ワリンディ（ニューブリテン島）、ミルンベイ、ロロアタ（いずれもニューギニア本島）とパプア・ニューギニアには多くの素晴らしいダイビングスポットがあるが、マダンはその中で最もダイビング・サービスが充実している世界的に有名な場所である。

空港にはホテルから迎えのバスが来ており、スムーズに事が運ぶ。美しい海岸線沿いを中心に一〇分ちょっと走る。海、椰子の木、大砲……。左手にはゴルフ場も見えてくる。

「あっ！　ごるふだ」

子供たちもゴルフ場を見つけた。彼らがゴルフを知っているのには訳がある。

パソコンである。

私は仕事用にとモバイルのB５ノート型パソコンを持ち歩いている。家でも居間でよく作業をしている。子供たちはそれを見ているのである。まず長男が興味を持ったのが「駅すぱあと」というソフトである。目的地と到着地を入力すると、その路線と時間それに金額が即座に出てくるという有名なソフトである。電車というより駅に興味を持ち出した長男は、先ずこれで駅名や路線名を覚え、乗り換えのパターンも数多く検索しだした。時刻表ソフトも組み込まれており、またその後、時刻表の本を与えたこともあり、今や

「〇〇まではどうやって行くの？」

という答えは、長男に聞くのが一番早いという状態だ。

またそのパソコンには「将棋」と「オセロ」のソフトも入っている。これを子供たちがやりだした。因みにこれらのソフトは、強い。いや強すぎるのである。大人でもほとんどコンピューターが勝ってしまう。「将棋」についてはまだ勝つこともあるが、「オセロ」にいたっては全く歯が立

たない。64対0。つまり完封負け。これがしょっちゅう起こる。良く見ると「オセロ」のパッケージにはこのような宣伝文句が書かれてあった。

「この価格でこの強さ」

ストレスのたまるソフトである。

そこで現物を買った。将棋盤と将棋の駒、そしてオセロゲームである。これはいい。子供たちと対戦することが多くなった。子供たちは駒の動かし方はパソコンで習得してしまったようである。パパと子供たち、子供たち同士、ゆっくりあぁだこうだいいながら楽しむのである。長男は図書館で借りてきた「子供のための将棋の本」を読み出して、

「あなぐま～」

とかやりだした。次男も門前の小僧で見よう見まねで覚えていった。幼稚園生なのに子供の吸収力とはすごいもんだと思う。

米クレアモント大学院大学のP・F・ドラッカー教授は「IT革命の先に何があるか」という一九九九年の論文の中で次のように述べている。

IT革命においてコンピューターが与えた社会的なインパクトは、産業革命における蒸気機関のそれと同じように大きい。その最大のものが勉強の仕方である。四歳でパソコンをい

じりだした子供は、すぐに大人を追い越す。彼らにとっては、おもちゃであると同時に学習ツールである。今から五〇年もすれば、二〇世紀末のアメリカには教育危機などなかったということになっているかもしれない（上田惇生訳『プロフェッショナルの条件』ダイヤモンド社）。

同様の状況は、アメリカでなく我が家でも既に起こっているのである。そしてママはドラッガー氏の予言通り既に追い越されてしまっている……。さらに面白いのは、先程述べた将棋やオセロのように「バーチャル」から入って「リアル」に行くということもあるのだ。そして最近、ゴルフのゲームソフトを入れた。子供たちは早速遊びだした。その後テレビでプロゴルフのトーナメントを一緒に見ていたら、

「あれは池？」

「あれがグリーン？」

とか聞くのである。恐るべしパソコン。しかしゴルフの「リアル」は難しいぞ〜。パパはいつも痛い目にあっている……。

そんなゴルフ場も過ぎ、目的地の「マダンリゾートホテル」エントランスに着く。このホテルには、七エーカー（約二万八〇〇〇平方メートル、約八五〇〇坪）の敷地の中に七五の宿泊部屋

があり、その他に会議室、プール、レストラン、ダイブショップ、土産物店がある。また、トロブリアント諸島やセピック地方それにインドネシアのジャヤプラまでクルーズしているメラネシアン・ディスカバリー号の拠点になっている（これらは同じ経営である）。私にとって二度目であるが、安心の出来るホテルである。チェックインを済ませ、宿舎に向かう。山小屋風の長屋の建物である。フロントからは近いが少々狭くて暗い。おまけに床が何故か水浸しである。いまいちだなあと思ってフロントに事情を話すと、あっさり部屋を替えてくれた。またもや大移動である。「パシフィック・コート・ヤード」という一画にある大きなバンガロー（「パシフィック・フォーラム・イン」という）に入る。一つの建物が二つの部屋に仕切られている室内は一階と中二階に分かれているが吹き抜けになっているのでかなり広く感じる。別々の部屋に分けずに皆んな一緒に寝ることもできる。言ってみるもんだ。

マダンリゾートホテルのエントランス。精霊が迎えてくれる。

　夜行便であったため、少々睡眠をとろうと横になる。と、

「プール行こ～。プール行こ～」

二人で合唱が始まった。次男もすっかり快復してい

る。眠いが仕方ない。既に睡魔に襲われてしまっているママをおいて三人で出かける。

ここには二五メートルプールと共に子供用プールがある。子供たちは準備体操を始め、浮き袋を装着し、水に入っていく。熱帯といってもまだ昼前。まだまだ水は冷たい。しかし幼稚園で水泳を習った長男はイキイキと水遊びをする。次男もおそるおそる水面を触っている。次男は兄貴という良いお手本があっていい。私は寒すぎということで「監視員」に徹する。地元の子供たちもやってきた。こちらも派手に水に入りバシャバシャやっている。肌が黒光りして美しい。

プールの水面に浮き袋を浮かべ、その真ん中にビーチボールを投げ込むという新しい遊びを開発した二人は、どんどん熱中していく。しかし、あまり無理をさせてはまずいと子供たちを引き上げ、撤収する。

黄色と黒色をしたペリカンのような鳥が小道を占拠している。つつかれそうである。そこを注意深くすり抜けると、今度は我々を目がけて追いかけてくる。「きゃーきゃー」言いながら部屋に帰ると、すっきりしたママが活動開始というところである。


午後からはホテルのツアーに便乗する。マダン南方の村々を訪ねるというものだ。

マイクロバスに乗り込む。乗客は一〇人程で日本の人ばかりだ。今日着いた人たちのようだ。

二時過ぎに出発し、まず一〇分ちょっとで野外のマーケットに着く。地面に布や新聞紙を敷き、商品を並べているという典型的なもの。入り口にヤシの実が並んでいた。一個四〇トイヤ（一六円）という札が付けられている。

「これ、なに？　おいしいの？」

そりゃそうだ。ちょっと見たところ食べ物には見えない。

「ヤシの実といって、飲むと甘くておいしいよ」

バナナやパイナップルなどの果物やタロイモ、ヤムイモ、トウモロコシなどの野菜類、ビートルナッツなどの定番の他、ここでは焼き魚も売っている。マグロのようだ。海辺の村ならではというところである。

マダン郊外のマーケット。子供たちも売っている。

そして多くの子供たちが、店を任されている。

「ほら、小さい子供がいらっしゃい、いらっしゃいをやってるよ。えらいねー」

「ふーん」

息子たちは不思議そうに眺めている。そして何の抵抗もなく、差し出されたものを面白そうに見つめている。子供もお仕事をするっていうこと、そしてこれが商売の原型であることを少しは判ってくれただろうか（いや判らんやろなあ～）。

五分程舗装道路を走ると今度はバレクという村に着く。ここには珍しいものがいる。キノボリカンガルーの赤ちゃんやカスカス（クスクスという小型の有袋類）が飼われている。

「めが、すごくきれいだね」

そして、大ウナギだ。連れて行かれた小川は硫黄の匂いが充満しており、水はエメラルドグリーンに見える。飲めるようだ。冷泉である。そういえばマダンの沖合にはカルカル島という火山島がひかえている。一九七九年には大爆発も起こしている。火山帯なのである。この小川に大ウナギがいるのである。ガイドさんの指さす方向を見てみると、確かにいるいる。一メートルくらいのウナギが三匹ほどゆったりと泳いで寄ってくる。だれも捕らないうちにだんだん大きくなり、最早「観光資源」として捕獲禁止となったのであろう。それともそもそも現地の人はこんな異様なものは食べないのだろうか。パプア・ニューギニアの民話に大ウナギが出てくるものがある。ニューブリテン島のガゼル半島（ラバウルのあるところ）での言い伝えとウェストセピック州スモ村（アイタペの西にある）でのものとの二つがある。不思議なことにいずれの話も大ウナギに関する限り非常に似通っている。

村人たちは偶然大きなウナギを見つける。彼らはウナギを捕まえて料理をして食べる。料理されなかったウナギの頭を与えられた村人は、そのまま家に持って帰るが食べれないでいる。するとそのウナギの頭が急に話し出す。自分の肉を食べたものを罰するために大洪水を起こすと。やがて大雨が起こり村は大洪水で壊滅してしまう。そしてウナギを食べなかったものだけが生き残り、現在の部族の祖先となる（D・S・ストラウス、B・K・ウィルソン編、沖田外喜治訳『パプア・ニューギニアの民話』未来社より）。

このようにウナギは昔から食されていたようだが、一方で大洪水などの災害を起こす生き物として畏れられているのかも知れない。また、太平洋戦争中にはウェワク近郊の川で、長さ一メートル直径二〇センチメートルもの大ウナギが捕れ、七〇もの蒲焼きで飢えた日本兵の思わぬご馳走となった、との記録がある（ただ、味は大味でさほど美味くはなかったようだ）。

因みにウナギは、成長の過程で、海、川、海と大航海を行うダイナミックな魚である。淡水で五〜十数年生活し、成熟すると産卵のため川から海に下る。孵化した稚魚（しらすうなぎ）は再び日本沿岸に到達し、川を上る。日本産ウナギの産卵場所はいまだに詳しくは分かっていない。南シナ海北部とか沖縄南方から台湾西岸沖にかけてとか言われている。産卵場所を特定する研究もなされている。日本人には馴染みの魚であるが、ミステリアスな部分を残す魚である。

ここでベテルチューイングに挑戦する。現地の人が口を真っ赤にして、くちゃくちゃやっているやつである。オセアニアからインド、アフリカ東部までの広い地域で嗜好されている習慣である。前からやってみたかったが、やっとチャンスに恵まれた。まずブアイ（ビンロウジュの種子。

ビートルナッツ、ベテル・ナットともいう）という緑の果実を囓《かじ》り、次にショウガを囓る。充分に噛み砕いたあとで石灰の粉を含む。こうするとあの赤い汁が出ていて歯が真っ赤になる。ブアイを囓る。これが渋い。噛めば噛む程渋くなる。さらにショウガをポリポリと囓る。とてつもなく渋い。本来人間は植物性の刺激を好んできた。中東のコーヒー、ヨーロッパやアフリカのアルコール、東アジアやインドの茶、アメリカ大陸のチョコレートなどが代表である。しかしそれにしてもこのビートルナッツはきつい。他の刺激物は馴染みがあるからかもしれないが、初心者にはちょっとハードルが高い。

ペデルチューイング禁止のサイン（ジャクソン国際空港）。

「うああ～。しぶ～！」

これでギブアップ。口から大部分を吐き出してしまった。さらに石灰をもらおうとするが、ガイドさんから止められる。

「危険だ。ブアイがないと」

残念ながら赤い口になって悪魔の様にニタア～と笑うことは出来なかった。一緒に来ていた若い女性グループの一人は無事最後まで成し遂げたが、苦々しい笑顔を作っている。

「ブーッ！」

彼女の口から吹き出したブアイやショウガそれに赤い汁は、大ウナギの餌になることだろう…

…。

子供たちは不思議そうに赤い流れを見ている。

次に山手の方に向かう。

珍しい木が現れた。木にちょうど朱色のピーマンが曲がったような形の実がなっているのだ。洋ナシとのことだ。さらにその洋ナシは木の下の地面いっぱいに転がっている。子供たちの眼の色が変わった。拾う、拾う。どんぐり拾い状態だ。競争が始まった。腕に抱えきれないくらい取って見せに来る。そして叫びだした。

「い～ち、に～、さん～、し～！」

拾った数を数えているのである。玉入れの結果発表と同じである。子供はこんなことが面白いのだ。

近くに赤い花を咲かせた木がある。「バタフライ・トゥリー（蝶の木）」という。鮮やかな原色を発散させている。しばらくすると、その名の通りそこに蝶々が舞ってくる。しかも羽根が神秘的な青色している。

「ほら、青いチョウチョだ。綺麗だねえー」

「びゅーてぃふぉー」

洋ナシを川に投げ込み、小橋を渡ると、木から蔓が垂れているのが見える。ガイドさんが蔓に

キノボリカンガルー（バレク村）。この村では野生の自然に身に触れることができる。

掴まった。そして川の方に向かって走り出した。

「ウォー　ターゼン！」

ターザンのつもりである。色々と楽しませてくれるガイドさんである。最後に昔、日本軍がいたという暗い洞窟に辿り着く。マダンは日本軍の大きな拠点の一つであった。兵士がいたとしても頷ける。またここは、映画「ロビンソン・クルーソー」（監督ジョージ・ミラー、主演ピアース・ブロスナン、一九九六年アメリカ。ほとんどの場面をパプア・ニューギニアで撮影している）のロケ地でもあったところ。洞窟から流れてくる川にカメが泳いでいる。現地の子供が川に向かってベビーバナナの皮を投げ込んでいる。カメがかぶりついている。

「あっ、たべてる」

「かわ、たべれるんだ」

結構満喫し、出発となる。マイクロバスの中では「サークルゲーム」が始まる。子供たちの声が響き渡る。

次にビルビル村へ行く。陶器で有名な村だ。村民は、むかし沖合の島に住んでいたが対岸の陸地に移住してきたとのこと。

我々が行くと、早速即席陶器市が始まった。大人に加え、子供たちが大小の壺を持って家からぞろぞろとやってくる。

「少子化はなさそうね」

確かに出生率は高い。一人の婦人が平均四・三人の子供を生んでいる（二〇〇一年）。隣国のインドネシアは二・五八人、日本に至っては一・四一人という少なさである。しかし一方でこの国の乳幼児死亡率は一〇〇〇人中五八・二一となっている。つまり一〇〇〇人赤ちゃんが生まれたら五八人も死んでしまうのである。気候の似ている隣国のインドネシアでも四〇・九一であるので死亡率は高い。因みに日本は三・八八ということで桁が違う。全体としては人口増加傾向にある。

我々の前にずらっと並べられた壺は、茶褐色でところどころ黒くなっている。また、表面には細かい文様がついている他に、丸型やハート型やダイヤ型それにオタマジャクシ型の穴が多く空いているのが特徴である。一体この壺は何に使うのだろう。花瓶というより装飾品という感じだ。女性が手づくりで轆轤《ろくろ》を使わないで製作しているとのこと。

南太平洋へは轆轤による成形法が伝えられなかったため、「手づくね法」（ひもづくり法や敲打《たたき》法等）で作られている。また窯を使った焼成法の技術も伝えられなかったため、野焼き（オープンファイヤー）で製作されている。土器は、鍋、壷、皿等の生活用品としてのみならず、特別な品「宝物」としても使われている。つまり財産としての扱いや、贈答品、婚資などになる。さらに儀礼用にも用いられその場合は信仰の対象になったりする。セピック地方には顔のついた土器もある（福本繁樹「男性がつくる土器」季刊『民族学69』千里文化財団）。このようにニューギニアでは、土器の社会的地位が高い。

ビルビル村。少女が土産用の壺を運ぶ。

ここでは標準的なものが、六キナ（二四〇円）である。お土産にしたかったが、まだ旅の始まり。持ち歩くにはちょっと重い。それより壺と一緒に並んでいる子供たちの方が可愛い。うちの息子たちと記念撮影をしたり、握手をしたりして楽しむ。

ビルビル村をぐるりと回る。四〇〇人住んでいるということだが、かなり小さい村に見える。奥の海岸に行くと、近くに小島、遠くにフィニステール山脈が見える。高床式の家屋の間から煙りが上がっている。壺を焼いているのだ。これが窯に入れて焼くのではなく、そのまま焼く野焼きというやつである。

この部族に関しては、マヌンブとキリボブという兄弟にまつわる神話がある。

マヌンブが釣りに行っている間に、その妻は兄のキリボブに頼んで、性器に入れ墨をしてもらった。夫が帰ってきた時、その入れ墨の絵を見て、妻に煮えくり返っている液体をかけた。妻はカメにその姿を変え、急いで海に行ってしまった。マヌンブは兄に、男性の集会小屋を造るのを手伝い、隅に使う柱を彫ってくれるよう頼んだ。キリボブはこれを引き受け、弟の妻に似た柱を造った。自分が弟の妻を誘惑したのを無意識に明らかにしてしまったので、キリボブはマヌンブが穴に居る時に柱を落としてマヌンブを殺そうとした。しかし、弟はシロアリの穴を通って逃げ、カヌーで逃げ出し島を作って新しい村を作った（ロズリン・ポイニャント、豊田由貴夫訳『オセアニア神話』青土社）。

えらい凄まじい話である。のどかな空気に包まれているが、嫉妬のネタはどこにもあるということか。

穴の空いていない壺もあった。これは調理用だそうで、これで料理すると美味いと言っている。白人が来て金属の壺を持ってくる以前は、これをよく使っていたそうだ。安上がりでもあるとのこと。

村人たちのにこやかなお見送りを受けて、四時半ごろ村を出発する。短いながらも素朴さに会えた楽しい小旅行であった。

ホテルへの帰り道、マダンの町中のスーパーマーケット「アンデルセン」に寄ってもらう。結構大きな店で品物が豊富である。明日の朝食の食材を買い込んで帰る。結構疲れたので、ホテルのレストラン「ハウス・ウィン（Haus Win）」で白身魚の夕食をとった後すぐ就寝する。


初日から充分堪能のマダンである。

4　クランケット島の一日

ココナッツ、ビワ、アプリコット、チーズ、コーンフレーク、ドーナッツ、ヨーグルト、牛乳、コーヒー……。

　昨日スーパーで買い込んだ物をテーブルに所狭しと並べる。今年の大晦日はゆっくりとした朝食だ。今日は沖合いのクランケット島へ渡る予定である。昼前に出発すればいいので気楽だ。連泊の良さである。それでも九時には食事が終わり、時間があるので散歩に出掛けることにする。

　今日は日曜日。歩いている人が多い。教会に行く人たちだ。皆んなドレスアップしている。人たちの向かう先は「ルター記念教会（Memorial Lutheran Church）」である。ホテルを除けば最も綺麗で立派な建物である。パプア・ニューギニアの人々は約三人に二人がキリスト教を信仰

マダンのシンボル、ガジュマルの巨木（バイト祈念公園）。

フルーツバットが鈴なりにぶら下がっている。

しており、そのうちの三人に一人がローマカトリックを信仰している。そしてついで多いのがプロテスタントのルター派である（全体の一六％。“CIA The World Factbook 2002”より）。ルター派は全世界で六〇五〇万人以上の信者がいる。カトリックと違い、俗世の仕事を尊重し、儀礼が簡素なキリスト教である。礼拝堂の中を覗くと、三分の一くらいの席が占められており、牧師さん（カトリックでは神父さん。牧師さんは妻帯が許されている）の説教が低くこだましている。だが、外は先程から非常にうるさい。

「ギャー、ギャー」

名物のコウモリである。果物を食べるのでフルーツバットと呼ばれるものだ。夥しい数のコウモリが木の枝から逆さ吊りになっている。それらが一斉に、

「ギャー、ギャー」

と鳴くのである。鳥の鳴き声のようでもあるし、赤ん坊の泣き声のようでもある。

公園の広場に出る。この町のシンボルであるガジュマルの巨木が現れる。記念撮影をしようとカメラを向けるが、子供たちはじっと

していない。暑いのだ。まだ朝の一〇時であるが充分に陽射しが強い。無理やり写真を撮って、スーパーマーケットへ歩く。「ベストバイ（Best Buy）」という華僑が経営している店だ。売り場面積が広く、商品も豊富だ。特にコーヒーが充実している。ただ、セキュリティーが厳しい。黄色いヘルメットを被った警備員が一人ずつボディーチェックを行っていく。手荷物は一時預かりさせられる。結構面倒くさい。コーヒーそして「エアーニューギニ」と書かれたキャップを買う（七五キナ。三〇〇〇円）。キャップは日本でかぶるには良いが、こちらでかぶると会社関係者と間違えられそうだ。店を出ると、強烈な暑さとコウモリの叫び声が再び襲ってくる。

一旦ホテルへ帰り、身支度をする。クランケット島で海水浴をするための準備をするのである。今回はシュノーケルの道具も持ってきている。一一時三〇分、再度ホテルを出てすぐそばの船着き場へと向う。同じ飛行機だった日本人のカップル二組とご一緒である。

船着き場からボートに乗ろうとすると次男が乗るのを嫌がって急に立ち止まる。

「トンネルに、はいらないかなあ～」

おととし伊勢志摩にある志摩スペイン村に連れて行った。ここはスペインのおおらかな雰囲気を醸し出したゆったりとしたテーマパークだが、スリルのある乗り物も楽しめる。私たちは海賊船に乗った。初めは水面をゆっくりと動くが、やがて近くに砲弾の水柱が上がってくる。次いで洞窟に入る。すると暗い洞内に様々な人形が現れてお化け屋敷の様相になってくる。そして最後に船は急勾配のスロープをいきなり転げ落ちるように滑って外へ出るのである。

「わぁー」

当時二歳半の次男はびっくりしてしまった。よっぽど怖かったのだろう。翌日、御座《ござ》海岸で海水浴をするために連絡船に乗ろうとしたときも、乗るのを嫌がった。それ以来次男は船に乗るのをためらうようになった。トラウマになっていないと良いのだが……。実際、洞窟の観光をしていたところ、急に息苦しくなって心臓の鼓動も速まりパニックに陥ったという二〇代後半の女性の話がある。その後彼女は、地下鉄、トンネル、エレベーターなど暗いところや狭いところ、出口が見えないところが怖くなったとのこと。ある精神科医は、幼少期の恐怖や近年のストレスとの関連それに内分泌疾患の検討など心身両面の検査や治療を奨めている。兎も角、幼児期にはあまりびっくりさせない方が良さそうだ。

「大丈夫。トンネルはないからねー」

小さいボートに私たち日本人八人と現地の操縦手とコックの一〇人が乗り込む。初めはコックさんを頼む予定ではなく自分たちだけで調理をしようとしていた。しかし当ボートを予約した際、ホテルのフロントの方に食材を依頼すると、

「コックを付けますよ」

とのこと。値段はボートと食材だけ（コック無し）で二五キナ（二〇〇〇円）であったが、コック付きでも二五キナとのこと。同じ値段なのだ。これなら頼まない手はないと手配をお願いする。

爽やかな潮風に全身を晒すと、たった一〇分足らずでクランケット島に到着する。

「サメない！」

操縦士は、鮫はいない、と日本語で安全宣言をする。

船着き場から五分ぐらい歩いたところにある小さい岬で荷を下ろし、水着に着替える。岬のあたりは深そうなので来た道をちょっと戻り、浅瀬に入る。

クランケット島はサンゴ礁でできた島。島の中央が池になっている所謂ラグーン（環礁）である。マダンの海を囲うように点在としている沖合の島々の中で最大のものである。私たちは島の一番マダン市街寄りに着岸している。そのため波もほとんど無い。ある意味では入り江だが、水は透き通って大変綺麗である。ただサンゴ礁だけに浜辺では足下が痛い。サンゴの死骸が結構とげとげしい。水に浸かるまではサンダル等が必要だ。水に入ると砂地で快適である。熱帯魚も多く見える。シュノーケリングをすると倒木のあたりに多く見つけることができる。泳いでいるのは私たち家族だけである。ヤシの林をバックにしてのどかに二つの浮き輪が漂う。と、

「イタァー！　いたいよー！」

長男がわめきだした。どうしたんだろう。

「イタタタ〜！」

クラゲもいなさそうだが。しかし何かに刺されたのだろう、確かに左足の太股に赤く刺された跡がある。泣いた眼も赤くなっている。

「イタタタタタ〜！」

子供が泣きじゃくると、もう収拾がつかなくなる……。泣く子と地頭には勝てぬ、である。コックさんに訊くとメントールを付ければ良いとのことでメンソレを塗る。そこに同行の日本人の方が熟れたマンゴーを持ってきてくれた。とろとろである。これは美味い。最高の甘みだ。すると長男は一起に泣きやみ、元気になった。げんきんなものだ。辛いことがあっても良いことがあれば辛さは吹っ飛ぶものだ。マンゴーに助けられた。

そのまま昼食となる。屋根だけの小屋に大きなかまどが設置されている。コックさんはそのかまどの上に一メートル四方で厚み二センチもある大きな鉄板を載せる。使い込んでいるようで反っている。かまどに薪をくべて火を起こす。子供たちは興味津々である。しかしお腹が減ってきたのだろう、サラダやデザートの入った器の前で釘付けになっている。

「エサを与えないでください」

もう昼の一時半なので仕方ないがあと僅かの辛抱である。熱くなった鉄板に油を引き、その上に大きな切り身のステーキ、白身の魚それに太長いフランクフルト（魚肉ではないもの。因みにパプア・ニューギニアは懐かしい魚肉ソーセージが多い）を豪快に載せていく。

「ジワー！」

日頃都会に住んでおり、車を持たない私たちはこのようなアウトドアーの生活に触れることがない。野外のバーベキューなんて大人の我々でも何年も味わっていない。たまにはこんな経験もいいものだ。それにしてもコックさんに来てもらって良かった。大きな鉄板の処理だけでも私たちだけでやると結構大変だ。今はＳＰビール（サウスパシフィックビール。パプア・ニューギニアを代表するビール）を片手にゆっくり眺めていることができる。

バーベキューは小屋で料理してくれる。

「さんきゅー！」

焼き上がったものを皿にいただく。皿はプラスチック製ではなく陶製のものだ。ホテルで食べるのと同じであるのが嬉しい。肉は子供たちには若干堅いが、厚みがあるので仕方のないところ。満足そうにパクついている。

食後、島の外海側まで散歩する。突き刺すような陽光を受けた芝生とそれを防ぐヤシの根元を通り抜けると視

マダン沖は世界有数のダイビングスポット。

界が開けてくる。突き当たりの海岸はサンゴ礁の岩が波と風でささくれだっており、裸足はおろかビーチサンダルで歩くのも厳しい。内海と対照的である。とても海水浴ができるものではない。

荷物を置いている岬に戻り、再度水遊び。パパとママは交代でシュノーケリングを行う。少々沖合に出るだけで、綺麗なサンゴ礁と熱帯魚が見られる。クランケット島自体がサンゴで出来ているためである。

そもそもサンゴは、動物である。木の枝のように見えることから植物のように思われているがイソギンチャクと同じ腔腸動物に属している。サンゴ礁の海にいるサンゴ（造礁サンゴ）は、装飾品や宝石として使われるサンゴ（赤サンゴ、モモイロサンゴ）とは違う種類で六放サンゴと呼ばれている。これらの造礁サンゴは藻類との共同生活をしている。サンゴは藻類が光合成によって作った栄養分を得、藻類はサンゴが排泄した炭酸ガスなどを得ている。このように藻類に光合成が必要なことから造礁サンゴは浅い海に広く分布している（森啓『サンゴ　不思議な海の動物』築地書館）。

サンゴ礁は「海の熱帯雨林」と呼ばれるほど豊かな生態系をもっている。全世界の海洋面積の僅か〇・二％弱しか占めないが、全世界の海洋魚種の四分の一以上が生息しており、全世界の漁獲量の一〇分の一（発展途上国では四分の一）を生みだしている。また観光資源としても重要で、カリブ海では年間約一四〇〇億ドル（約一七兆円。石油資源で豊かなサウジアラビアの国民総生産にほぼ匹敵する。因みにパプア・ニューギニアの国民総生産は約三七億ドル《約〇・四五兆円。一九九九年》の収入となっている。その上サンゴ礁は、海岸線を暴風や浸食、洪水から守るという役割も果たしており、五億人もの沿岸住民に恩恵をもたらしていると推定されている。

しかしこれらのサンゴ礁が危機に瀕している。二〇〇〇年末で世界のサンゴ礁の二七％が重度のダメージを受けていると推定されている（「世界サンゴ礁モニタリング・ネットワーク」より）。一九九二年には一〇％であったので急激に被害が増えていることがわかる。特にインド洋、アラビア海、ペルシャ湾、東南アジアで「白化現象」が多い。

白化現象の原因には、爆破や毒（シアン化合物）による漁法、沿岸開発、都市廃水や農地からの化学肥料の流入、森林破壊等による土砂の流入その他があるが、最も大きな脅威を与えているのは「地球温暖化」である。

サンゴ礁は生息できるギリギリの高温域の中にいる。そのため海水温が一度変化しただけで共生している藻類がストレスを受ける。この状態が続くとサンゴは藻類を追い出し、やがて自身が白化して死滅する。このことからサンゴの白化現象は地球の気候変動の一つの目安になる（レスター・ブラウン編著『地球白書2001-02』。クリスタファー・フレイヴィン編著『地球環境データブック2001-02』いずれも家の光協会)。

もしこのまま温暖化が進むのなら、二〇三〇年までにすべてのサンゴ礁の六〇%が失われるとの科学者たちの指摘もある。観光資源として重要な南の国にとっては重大な問題である。

パプア・ニューギニアは世界のサンゴ礁の中でもかなり破壊率が小さい(被破壊比率四%)。つまり綺麗なサンゴ礁が残されているのである。このためダイビングの通の間でパプア・ニューギニアが「憧れ」の対象となっているのもうなずける。

因みに地球の温暖化は、肝臓の病気に似ていると思う。肝臓は「沈黙の臓器」と言われており、かなり辛抱強いものである。肝炎も痛みもなくじわじわと病気が進行して来て、気づいた時には相当悪くなってしまっている。場合によっては命を失うこともある。最悪の事態を避けるためには、日頃からストレスを溜め過ぎないことが肝要だが、定期的な血液検査も重要である。地球温暖化も幸いアラームに気づいた訳だから、地球環境に出来るだけストレスを与えないように予防することが必要ではないかと思う。それには個々人のライフスタイル自体を見直さないと、根本的な解決は難しそうである(肝臓の病気と違って温暖化という病気は他人にも「うつる」だけにたちが悪い)。

一六時半過ぎに、クランケット島の船着場を出発。ボートは緑と青に溢れた景色の中をマダンの半島に滑り込む。一旦部屋に戻って一休みしてから、夕食の食材を買うために町へ出る。

海辺の露店には、パンノキ(二〇トイヤ、八円)、焼き鳥(五〇トイヤ、二〇円)、魚肉ソーセージ(八〇トイヤ、三二円)が並んでいる。ちょっと晩ごはんには軽すぎると、スーパーマーケットの「アンデルセン」に行くが、大晦日のためかあいにくお休みである。まだまだ暑い中、随分歩いて戻ってもう一つのスーパー「ベストバイ」に行く。しかしながら、適当な食材がなく、結局ホテルのレストランでとることにする。皆んなかなり消耗してしまった。バイキングの御馳走ながら、もう皆んなバテバテのためほとんど食が進まず、忘年ダンスパーティーの前に早々に部屋に引き揚げる。

テレビのカウントダウンも見ず、大晦日のうちにバタンキューである。

マダンリゾートホテルの近くに店を出す露天商。

5　元旦のウェワク

二〇〇一年はマダンでの年明けとなった。朝六時、昨日買い込んだ食材をテーブルに並べ、おせちの代わりとする。

思えば一昨年は、二〇〇〇年問題（Y2Kバグ）で大騒ぎであった。古いコンピューターでは、記憶装置を節約したため西暦年号が下二桁しか読みとれない、そのため九九（一九九九年）の次が〇〇となり、二〇〇〇年なのか一九〇〇年なのか判らなくなる。これによってマイクロチップやコンピューターが誤作動し、電気、水道などのインフラ、製造、物流、金融等に破綻が起き、果ては飛行機が墜落したり、ミサイルが誤発射されるなど、社会全般に渡って混乱が起きる可能性があるというものであった。我が社でも特にシステム担当者は休日返上で対応に大わらわであっ

たが、出来る限りの対応を完了した後でも、コンピューターメーカーから、

「機器を全て取り替えない限り、一〇〇％安全とは限りません」

と言われるくらい異常な状態であった。

早くからこの問題に注目していた私は、社内や個人のパソコンのデータをMOやCD-ROMに保存したり、ガスコンロや懐中電灯、小型ラジオ、缶詰、ミネラルウォーター等を買い込んだ。

そして大晦日の夜、紅白歌合戦も終わり家族の皆んなが寝静まった後、シャワーを浴び（水が出ないと困る）、右手に懐中電灯（停電になると困る）、左手に小型ラジオを持ち（災害情報がないと困る）、テレビのバラエティ番組を見ながら気合いを入れて年の替る瞬間を待った。

「スリー、ツー、ワン、ゼロ！」

「……」

「おめでとう！」

「ん？」

「ん？」

何も起こっていない。チャンネルを切り替えるが、何ということもない。両手に機器を握り締めて一人で突っ立っている自分が馬鹿のようであった。

政府がまとめたコンピューター誤作動問題に関する調査結果（国民生活に密接な一二分野を対象、合計二五〇四の機関・企業から回答）によると、年末年始から三月上旬までに、エネルギー、

金融、交通など重要分野機関・企業の一一・六％でシステムの不具合が起こっている。また、そのうち三・一％は外部にも影響が出ている（二月二九日の閏日《うるうび》を含む）とのことだ（『現代用語の基礎知識２００１』自由国民社）。我が家ではカメラの日付がおかしくなった程度であった。しかしあれ程の大騒ぎの割にこの結果は何だったんだろうか。一つにはやはりＹ２Ｋ対策が功を奏したのであろうと思うが、一方ではマイクロチップが思ったほど普及していなかったからかも知れない。現代文明の脆弱さを感じたが、騒ぎが過ぎるとそんなことはもうすっかり忘却の彼方へ去ってしまった。買い込んだものがしっかりと残っているが、まあ大地震対策にもなるので良しとするか……。

元旦の七時のニュースを見ても、小さなトラブルだけで問題はなさそうなので、お雑煮とおせちを食べ、「乗蓮寺」（東京都板橋区）というところにある「東京大仏」まで初詣に繰り出した。新しい黒い大仏さんであったが、これはこれで結構面白かった。あとは帰って昼寝をし、平凡な寝正月という感じであった。

一方今回の正月は様変わりである。ウェワクに移動するため、朝が早い。今日も買ってきた食材で朝食を取る。アプリコット、洋ナシ、桃、ヨーグルト、ドーナツ、コーンフレーク、プチケーキ、コンビーフ、牛乳、オレンジジュース……パプアでの「おせち」である。食べながら息子がママに言う。

「二一せいき、はじまったね」

「へっ〜、そんなこと知ってるの一。なんで知ってるの？」

「だってもう、二〇〇一ねんだもん。そんなんしってたもん」

「パパに教えてもらったの？」

「そう。つぎの二〇〇二ねんのついたちは、二二せいき」

惜しい！　イイところまでいってたのに……。

エアーリンクの飛行機。19人乗り。

チェックアウトを済ませて、八時三〇分にホテルのマイクロバスで出発。ドライバーは陽気な男性で、色々と語りかけてくる。

「ホワッツユアネーム？」

「ワタシハ、トム、チャン」

惜しい！　あんたはトムくんだ。

こちらでは、お正月といっても特別の行事はないようだ。当然おせちもなく、スイカとかマンゴとかを食べるそうだ。

一〇分ぐらいで飛行場に着く。今日の飛行機は「エアーリンク」という航空会社のものだ。マダン空港のエアーニューギニの建物に隣接している。

「小さいけど早いよ」

ドライバーは笑顔で去っていく。

待合室はスレート張りの巨大な倉庫の中にある。がら～んとしている。その割りに暑い。全員の体重を量らされる。飛行機が小さいからだ。チェックインを済ませる。将棋をしたりして搭乗までの時間を過ごすが、どうも待っている客は我々だけである。

九時三〇分に搭乗する。一九人乗りのプロペラ機である。いつの間に来たのか、女性の乗客が一人座っている。客室は自由席のようで女性の客室乗務員が左右に適当に席を指定している（前後左右のバランスもあるのだろう）。しかし暑い。冷房が利いていない。息子たちの顔に汗が噴き出す。乗って八分で離陸。ここらが小さい飛行機の良いところ。ブーンという音と共に軽やかに機体は舞い上がる。するといきなり冷気が吹き出してきた。猛烈な勢いで白い水蒸気が室内を冷やす。話の通り小さい割に結構速度がでる。そして低空飛行だ。左手にジャングル、右手にビスマルク海が手に取るように良く見える。川で運ばれた泥が海に流れ出している。かなり沖合までくっきりと茶色の面が拡がっている。ラム川が現れてきた。大きく蛇行した太い流れである。水際が樹木に迫っている。

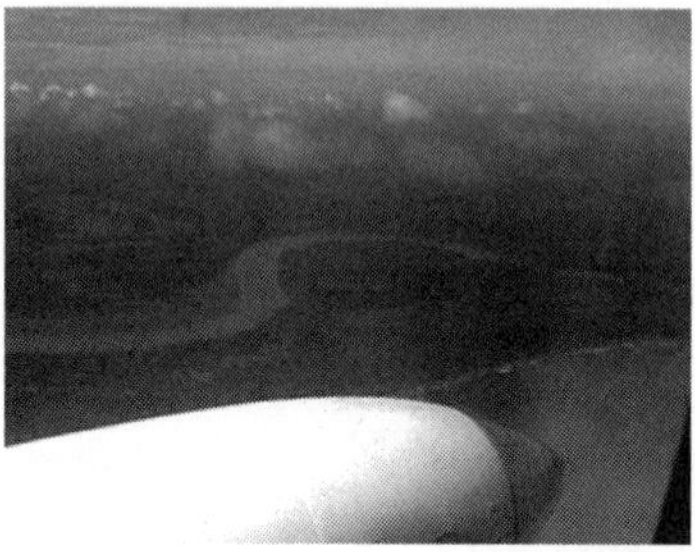
マダンからウェワクへ。蛇行した川が続く。

「パパはこんな川で船に乗ったんだよ！」

実際に行ったのはもっと先のセピック川であるが、ハウスタンバラン（精霊の家）の調査にカヌーで行った様子を家内と子供たちに説明する。プロペラがうるさいので大声で話さなければならない。

「ふ〜ん」

気の無い返事である。別段反応も無い。それがどうしたという感じである。パパの熱弁ははかなく機内に消えていく……。

眼下にはラム川とセピック川の合流点であるムリック湖が見えてくる。細い砂州にあるカラウ村の高床式の木造建築物がミニチュアの様に並んでいる。

一〇時三〇分、飛行機は思ったより早くウェワクのボラム空港に着いた。エアーニューギニの大きな施設と違い、エアーリンクは小屋のようである。波形スレートに緑色のペンキが塗ったくってある。ここでニュー・ウェワクホテルのオーナー川畑さんのお出迎えを待つ。

少し遅れて川畑さんがワゴン車でやって来られた。

「飛行機はまじめに早く着きましたなあ〜」

久しぶりのご対面である。と、川畑さん、私の顔を見て、

「いやあ〜　老けましたなあ〜」

「ふ・け・た？　あっ、そ・う・で・す・か……？」

雨降りの木。沖合にはムッシュ島とカイリル島が見える。

太平洋戦争中、特攻兵器である人間魚雷「回天」の搭乗員で、戦後、アマゾンの奥地まで踏査された元報道カメラマン。五四歳の時にパプア・ニューギニアに来られ、ソアマという村の酋長の娘を嫁にもらい、前任者に一億円の借金があったホテルを引き受けられた。戦争と一切関わらないで生きていこうとされたが、運命の巡り合せで、慰霊団のお世話をされている（宿泊者には文化人類学者等の研究者も多い。また、彼の波瀾に富んだ人生は、講談社のコミック本『熱風』《松田尚正、企画・原案加藤雅毅》に豪快に描かれている）。そんな壮絶な経歴を持つ川畑さんの相変らず強いインパクトに圧倒されながら、早速その白い車に乗り込む。お二人の男性が同乗されている。

ホテルへの道は相変わらずの景色。チャンブリマーケット、ウィンジャーマーホテル、ビスマルク海。マプリック街道に行く三八番のPMV（Public Motor Vehicles 公共の路線バス。マイクロバスやトラックを改造したもの）が「荷台」に乗客を詰め込んでいる。突き出た岬、タウンマーケット、エアーニューギニ事務所、Westpac銀行、急な坂道、教会、「雨降りの木」そしてニュー・ウェワクホテル。

ホテルも以前と変わらない。メスの犬が両手両足を伸ばして寝そべっている。ひんやりした床のタイルで身体を冷やしているのだそうだ。二階の一番奥の部屋に入る。木彫りのキーホルダーの鍵でドアを開ける。以前来たときより明るい。カーテンが変わっている。ピンク系統の花柄のものが付けられており、イメージチェンジである。

廊下の奥からは木々の彼方にアイタペ方面の山地が見える。その廊下の手摺りにママは手洗いしたばかりの洗濯物をずらりと干す。陽が強く射し込んでいる。

「こりゃー、良く乾くわ」

レストランで昼食をいただく。子供たちはサンドイッチ、パパはフライドフィッシュ、ママはチャーハンである。ご飯が好きなママはご満悦である。本当にこのホテルは食べ物に恵まれている。相変らず水木しげるさんの一生を刻んだストーリーボード（物語が彫刻された板）があった。しかし幅が三メートルほどあった巨大なストーリーボードはどこかに消えていた。

食後、部屋でひと休み。私だけ再度レストランに降りて、川畑さんとお話をする。先程ワゴン車に同乗されていたお二人もおられた。九州大学教授の湯元清文さんと東北工業大学助手の北村保夫さんといわれる。共に地球の地磁気を研究されているとかで、このホテルに研究用の測定器が設置されているのだそうだ。

「どういうことに役立つ研究なのですか？」

と尋ねてみたら、

「例えば、スペースシャトルが飛翔している高度の宇宙線が、人間の身体にどの程度の影響を及ぼすかというような研究に役立ちます」

へーっ。これは壮大な研究である。我々民間企業の慌ただしい世界とは次元が違う。全世界に五〇ほど測定器があるらしく、チェックをされておられるとか。お忙しいので、このような休みを利用されることが多いとのこと。なかなか興味のある仕事である。また同じテーブルにはＪＩＣＡで保健所を回ってられるという男性がおられた。森さんと言われるが、もう長くパプア・ニューギニアに滞在されているらしく、真っ黒で、まるで現地の人のような風貌である。ニュー・ウェワクホテルはこのように異業種の方々と気軽にお話ができるという面白さがある。大きなホテルなら出来ないことだし、何より世話好き、話好きの川畑さんの求心力の賜物ではないかと思う。

川畑さんが市内に連れてあげようということで、一七時に車で出発する。川畑さんの運転で、助手席に娘さんのミハルちゃん、後部座席に先程の先生お二人と我々家族が乗り込む。

先ずは日本政府が建立した平和公園に行く。太平洋戦争時代、ウェワクは日本軍のニューギニアでの一大拠点であり、またウェワクの周辺では激戦により多くの命が失われたため、戦後、慰霊のためにこの施設が造られた。公園の周りにフェンスが張り巡らされているが、あちこち穴が空いている。ここは継続して日本政府より州政府に管理費用が出ているようなのだが、管理は杜撰なままであるとか。我々が中に入ると管理人が居た。しかし彼はベンチの上に横になって寝てしまっている。我々が入ってくるのも気づかない。これが実態。祭壇に行って手を合わせる。と、以前祭壇にあった銅板の碑が無くなっている。プラスチック製に変わっている。盗まれてしまっ

ウェワクの平和公園。

ハイスクールの庭に残された旧日本軍の機銃。左は川畑さん。

たのだ。ちゃんと管理してやー！「ニューギニア戦没者の碑」も随分薄っぺらになってしまった。

「あん」

子供たちは訳の分からないまま、手を合わせて拝んでいる。


次にハイスクールに行く。今は冬休みで閑散としている（冬がないから、クリスマス休みか。パプア・ニューギニアの始業は二月である）。ここには太平洋戦争時代の武器が集められている。機銃、小ロケット砲？　それに大きなサーチライトが芝生に並べられている。かなり錆びてしまっている。サーチライトには「富士電機製造」と書かれている。

ニューウェワクホテル室内。

「これらは、車なく、馬なく、兵隊が分解して運んだんですわ」

これらに無関心の子供たちは、同じ年くらいの現地の子供のところへ歩いていっている。年を聞いてみると、次男と同じ三歳だった。しかし次男とは一回り身体が小さい感じがする。記念撮影をして、ぎこちないシェークハンドで別れる。

一八時三〇分、惜しみなく熱と光を注ぎ込んだ太陽が、西の山地に落ちる。その右横には巨大な入道雲が天空にそそり立っている。まるで夕陽に焼き付けられて燃え上がった狼煙のようだ。やがて宇宙に届き、夜の役者たちに出番を告げることであろう。皆んなでじっと見つめる。

そして、夕食。ママの眼がキラキラと輝いている。和食があるのだ。

「わーっ。みそ汁にご飯、刺身、てんぷら、カニ、焼き魚……。こんなのがあるよ！」

メニューの和定食のところを見ながら感激している。洋食のメニューには目もくれない。もともと和定食は慰霊団の方々用に始められたようだ。慰霊に訪れる方々は老人がほとんどで、やはり和食を好まれることへの配慮とのこと。まさか若い層にこれだけ受けるとは。今日は川畑さんが特別のおまかせメニューを出してくださるとのこと。

隣では一〇人以上の地元の団体さんが入っている。新年なのでわざわざディナーに来られているようだ。一家族だけではなく、親戚も一緒に座っているという感じだ。皆んなキチンとした身なりをしている。食事の前には、お祈りもしている。

「あっ、きえた」

停電である。あたりはすっかり暗闇に包まれてしまう。

「こわい……」

「こわい……」

「だいじょうぶ、だいじょうぶ。昔は日本でもよくあったんだよ」

子供の頃は、停電はよく起こり、そのためロウソクや懐中電灯は必需品であった。

「あっ、きたな」

という感じであった。最近でこそ稀になったが、逆に今の日本で停電すると、これほど冷蔵・冷凍技術に依存した社会であるだけにダメージが大きいのではないだろうか。


トルコのイスタンブールに行ったときのこと。名物の公衆浴場「ハマム」に入った。何部屋もあるかなり広いその風呂は、あかすりよりも先ずはサウナ室へということであった。いくつもの浴槽を過ぎやっと一番奥の部屋に入った。何だか怪しそうな雰囲気であったが、座っているとやがて電気が消えた。

「やられたか」

一番奥に閉じ込めて何かを要求してくるのでは……。しかもこちらは丸裸である。真っ暗闇の中不安になってきた。と、廊下からロウソクを持った男が近づいてきた。

「来た、来た……」

男は言った。

「停電です」

そんなことわかっとるわい！　しかし別に他意はないのであった。外に出ると様子がおかしい。何と町中が停電なのであった。風呂屋の策謀ではなかったのである。

パプア・ニューギニアも停電が多い。このためジェネレーター（自家発電機）が活躍している。

このホテルでも何度も停電に遭っている。その度毎にパパは冷蔵庫のビールの冷え具合を心配している。日本のように電気が安定供給されているということは凄いことである。ウェイトレスがロウソクをもってきてくれる。ちょっと不安げなクリスマスキャンドルというところか……。

「グオー」

いきなりでかい音が鳴り出した。ジェネレーターが作動したのである。まもなく灯りがともり、いっときのフラッシュバックが終わる。

「パパ、ついてよかったね」

お隣さんの影響で少々遅くなったが、待ち遠しかった夕食がやってくる。ご飯とみそ汁、メインディッシュはマグロの照り焼き、それに小海老とサラダ、パイナップルの付け合わせ。ボリュームたっぷりである。後はもう一味違う「お正月料理」をパクついている。ウェワクの静かな夜が続く。

6　PNGダイジェスト――ポートモレスビー

今日は日本に帰る日。

六時一〇分発の飛行機であるため、家族の皆んなには悪いが朝四時起きである。急いで準備をしてフロントへ降りる。まだ真っ暗だ。川畑さんが見送りに出てこられる。すると、

「え〜ん」

暗闇で急に泣き声が聞こえた。息子がすすり泣いているのである。これは困った。

「どうしたん？　お腹いたいんか？」

心配して尋ねると、息子がしばらくして言った。

「かえりたくない〜」

おっと、そうか……。このホテルやパプア・ニューギニアがよっぽど気に入ったようだ。この

意外な答えに一気に場がなごむ。

「そうかそうか、また来てよ」

川畑さんも満足そうである。

五時、川畑さんに手を振られてマイクロバスはまだ闇夜の道を進む。やっぱり川畑さんのところに寄って良かった。大きなリゾートホテルもいいが、ニュー・ウェワクホテルのようなアットホームなところも得難いものがある。

「旅の印象は出逢った人で決まる」

とかねがね思っているが、今回も同様のパターンである。全盛期のユースホステルのようである。離島や辺境地のユースホステルには個性豊かなペアレント（ご主人）がいて、その独特の求心力のためホステラー（宿泊者）同士もまたやたらと親しくなってしまう。まさに川畑さんはユースホステルのペアレントである。再度訪れてホッとしたくなる宿である。癖になりそうなのである。そして川畑さんは、慰霊団と研究陣の拠り所である。川畑さんを頼りにされている人が数多くいる。しかし建物は老朽化し、存亡の危機に瀕しないとも限らない。何とか川畑さんを支援したいというグループがあるが、資金面で行き詰っているのが現状である。今のうちに何とかしないと……。それよりも何よりも先ず川畑さんにはいつまでもお元気で頑張って欲しいと思う。

マイクロバスは、猛スピードで空港へ驀進する。一〇分もかからずにボラム空港に着いてしまう。まだ時間も早いのに待合室にはもう三〇人以上もの人がいる。茫然と椅子に腰掛けている。チェックインを済ますと我々もぼんやり時を過ごす。

結局二〇分遅れでマダン経由ポートモレスビー行きの飛行機が出発する。子供たちは疲れたかなと思いきや、クッキーとオレンジジュースをもらってご機嫌である。ママと「おせんべいやけたかな」とワイワイ遊びだした。

マダンに着くと、一緒にビルビル村やクランケット島に行った人たちが乗り込んできた。皆んな子供たちに声を掛けてくれる。「マダン」は韓国語でいえば「広場」という意味。皆さん、一緒に広場で遊んだ仲間という感じである。これも小さい子供がいるからだと思う。天真爛漫な子供たちは人の垣根をはずす。おっと今度は将棋をやりだした。忙しいことである。

ウェワク・ボラム空港、午前5時過ぎ。

八時五五分、ポートモレスビーのジャクソン空港に到着する。一四時一〇分の出発までの時間を利用してポートモレスビーを回る。ポートモレスビーは人口三〇万人を超す近代的な大都会。名前の通り港町として発展してきた。この都市名は、イギリス人軍艦長ジョン・モレスビー提督が一八七三年にここを「発見」し「モレスビーの港」と命名したことによる。

因みにこの手の命名は世界中で多い。パプア・ニューギニアだけを見ても、「ブーゲンビル島＝フランス人航海士ブーガンヴィル」「ビスマルク海＝ドイツ宰相ビスマルク」「トーレス海峡＝スペイン人航海士デ・トーレス」と散見される。「ダンピール海峡」にいたっては「ダンピア」という海賊の名前までついている。もっともお隣のオーストラリアはもっと多く、「シドニー＝英の内務大臣シドニー卿」であるし「メルボルン＝英の総理大臣メルボルン子爵」「ブリズベーン＝英の植民地総督ブリズベーン」「ケアンズ＝英の総督ケアンズ」と軒並みである（何と「エアーズロック」まで英の総督エアーズ卿に因んだものであった……）（世紀研究会編『地名の世界地図』文春新書、辻原康夫『世界地図から地名の起源を読む方法』河出書房新社）。

さて、ポートモレスビーの文化遺産を回るとするか。とはいってもここには神社仏閣や遺跡のようなものはなく、国会議事堂や国立博物館といった施設を訪ねるのである。

「ＰＮＧジャパン」という会社が一日観光ハイヤーを手配してくれると日本で聞いていたので予約をしておいた。ターミナルにＰＮＧジャパンの上岡さんという若い日本人が来られた。一緒に現地の女性も来られた。奥さんとのことだ。上岡さんは子供さんと三人でポートモレスビーに住んでおられるとのこと。奥さんは日本にもおられたらしく、日本語が大変お上手だ。明るく朗らかなお二人である。

まず朝食をとりにエアーウェイズホテルに行く。小山の中腹にあるホテルのレストランは爽やかなプールサイドにあり、空港の滑走路を下方に一望できる。このホテルには以前泊まったことがあるが、その際はこの隣にあるこじんまりとした質素な建物の方であり、今いるこの建物は当時建設途中であった。それにしてもまあ立派になったものだ。ポートモレスビーのホテルの中でもイチ押しになるのではないか。ここでのバイキングは気持ちよくいただける。シュガーフルーツやマンゴーなど日頃食べないものを皿に取る。

満喫した後は、国会議事堂へ。

パプア・ニューギニア国家統合の象徴であるこの国会議事堂は施設の中に入ることができる。ハウスタンバラン（精霊の家）などをモチーフにした建物全体のデザインや正面の壁画だけでも見る価値があるが、議事堂の内部も興味深い。木彫りを組み合わせた巨大な柱、各国から独立の記念に送られた品々、ヤムハウス、昆虫などの標本などが陳列されており、国会議事堂というより展示館である。その展示のコーナーを過ぎると、議事会場へと着く。議場はイギリス式になっている。正面に二つの机が向き合っており、それぞれの後ろに議員が座る椅子が並んでいる。

次に国立博物館へ行く。

セピック地方の芸術品を中心に全国のプリミティブアート（原始美術）が主として陳列されている。そしてセピック地方のカンボット村にある元ハウスタンバラン（精霊の家）のファサードの樹皮も壁に掲げられている。巨大なビッグマンが中央に鎮座したデザインである。この元ハウスタンバランは、我々が現地に訪れた時はゲストハウス（宿屋）になっており、ワニが大きく口を開けたようなファサードの部分には何の絵柄もなかった。そのデザインは伝統的建築物の記録保存をしているマクラフ教授が描いたスケッチでしか知ることが出来ないと思っていたが、当博物館に移されていたのであった。

パプア・ニューギニアに博物館を創るという計画は一八八九年からあり、伝統的文化財や博物学的標本が集め始められたが、保管用の施設がなくオーストラリアに移送・管理されていた。一九五六年からは旧植民地政府がポートモレスビーに施設を提供したが、観客を入れるのには不適当であったため単に収蔵庫として保管されるに留まった。旧ヨーロッパ病院の看護婦長室だったところや衆議院の建物の一画に移されやっと博物館が完成したのは独立後の一九七七年であった。この国の宝物がキチ

ハウスタンバランをイメージした国会議事堂。

議場の様子（パプア・ニューギニアの教科書より）。

装飾されたカヌー（国立博物館エントランス）。

ンと保管されるのには随分と長い時間がかかったようだ。

日本でも保管にご苦労されているところがある。埼玉県の鶴ヶ島市という地方都市である。ここにパプア・ニューギニアを中心とした芸術品のコレクションが一七二五点もある。それらは新潟県塩沢町出身の今泉隆平氏がパプア・ニューギニア政府公認のコレクター大橋昭夫氏に依頼して集めたコレクションの中から寄贈されたものである。セピック地方の芸術品を中心にした非常に価値の高いものであり、文化人類学者、芸術家を始めアイワ・オルミ旧駐日パプア・ニューギニア大使も訪問されている。オセアニアに興味を持つ市民ボランティアのサークル（「ポリトライブ」というグループ）もあり、芸術品の一般公開など地道な活動をされている。しかし鶴ヶ島市には博物館はなく、これらの貴重な芸術品は、生徒数が減ったために空きがでた小学校の教室に保管されているだけである。どうもこのパプア・ニューギニアに関する取り組みに異議を申し立てている政治勢力があるらしく、市の教育委員会もこれに配慮して、博物館建設はおろか大きなイベントもなかなか出来ないでいるようだ。教室の中の棚に置かれている作品たちが陽の目を見ず、このまま朽ちていくのではないかと関係者は心配している。文化事業が政争の争点となっているとは、ある意味では文化水準の大変高い市であるが、何とも勿体ない。

さて国立博物館は、彫刻などの他に地理や地勢に関する展示もあり、またパプア・ニューギニア独立二五周年とオーストラリア連邦成立一〇〇周年を記念した特別展示会「二つの国家の誕生(The Birth of Two Nations)」も催されている。

「ご来賓の方々、外国よりおこしの皆様、それにパプア・ニューギニアの皆さん、パプア・ニューギニアは今、独立いたしました。すべての国民の権利の拠り所となる独立国パプア・ニューギニアの憲法が今発効いたします。我々は今この時植民地時代の過去を断ち切り、我々自身の権利のもと今、独立国家として立ち上がります。万能の神のお導きで団結し、強固で自由な国家の将来を築くために、共に努力してまいりましょう」

一九七五年九月一六日零時一分、当時の総督ジョン・グィスは高らかにパプア・ニューギニアの独立を宣言した("The Birth of Two Nations" パンフより。なお、総督はエリザベス女王の名代の地位。パプア・ニューギニアは英連邦に属している)。

独立の場面は華やかだが、植民地となった時はそうではなかった。

一八八四年、ドイツがニューギニア地区（北半分）をイギリスがパプア地区（南半分）の支配を主張した。ドイツは契約内容に無関心な原住民に対し、時には脅しを入れ、植民することに同意するという条約に積極的に署名させていったが、イギリスはそれほど熱心ではなかった。ポートモレスビーにおけるイギリスの保護領の宣言を公表する際、エルスキン海軍准将は近隣部落のボスたちを集めて儀式を行った。

しかし簡単な宣言と地域の統括責任者を任命しただけで儀式は終わり、盛り上がらなかった。イギリスのとある官僚は次のように書き残している。

「私の生涯でこの時が最も素晴らしかったとは思わない。儀式が終わった時にはほっとした。国旗掲揚に慣れ始めていた原住民は無関心であり、ただ僅かの者がブラブラと姿を現しただけであった。前日ナイフやタバコを配ったことの方が原住民には遥かに喜ばれた」（J・グリフィン、H・ネルソン、S・ファース、沖田外喜治訳『パプア・ニューギニア独立前史』未来社）

パプア・ニューギニアは後に植民地の宗主国となったオーストラリアから独立を「勝ち取った」という訳ではないためか、現在も両国は親密な関係が続いている。そのためこのような「二つの独立」という展示がなされているのだろう。例えば韓国でこのような展示はまだまだ実現しにくいだろう。

展示は写真が主だが、日本から贈呈された刀剣も展示されている。子供たちはこのような展示には興味がない。小動物のコーナーがあり、こちらの方が良いようだ。ミツユビハリモグラやカスカス（クスクス）、オウギバトなど珍しい動物が飼われており近くで見ることができる。絶滅の危険性がある動物を保護するために、国際自然保護連合（ＩＵＣＮ）という団体がある。この団体は絶滅のおそれのある種を記載した「レッド・リスト」を作成し、危険の度合いによって「絶

ミツユビハリモグラ。

オウギバト。

サイチョウ（ココモ）。

滅寸前種」「絶滅危惧種」「危急種」の三つのランクに分類しているが、この中でミツユビハリモグラは「絶滅危惧種」、オウギバトは「危急種」に指定されている。これらは特に貴重な動物であるが、子供たちに最もうけたのは、ペリカンである。マダンのホテルにいたからだ。しかしペリカンだと思っていたが実はサイチョウ（ココモ）であった。

なお、イースト・ハイランド州のゴロカにJ・K・マッカーシー博物館というこじんまりした博物館があるが、これは支部博物館である。一九六五年に制定された国有文化財保存条例によって民間人のコレクションを支部博物館にしたものである。ここも展示と生き物のコーナーがある。昔訪れたときは極楽鳥が飼われていた。

ポートモレスビーの国立博物館は、見学するにはあまりに時間がなかった。もっとじっくり見たかったが、家族連れでもあるから今回は仕方ないか。

ＰＮＧアートに行く。この国の最大手の民芸品販売店。噂通り品が多い。五〇〇〇点ぐらいあるそうだ。彫刻から、土器、工芸品、ビルムなどが所狭しと置かれている。価格は数字ではなく、アルファベットの符丁で書かれている。例えばAが1でBが3というように決められており、別途対照表がある。そのため客は店員に値段を訊かないと判らない。私たちはストーリーボード（物語が彫刻された板）を購入する。産地のカンボットからすれば高いが、まずまずの価格である。時間もあまりないので直ぐに空港へ引き返す。折から凄まじいシャワーが降ってくる。

空港にはボブさん夫妻が来てくれた。ボブさんは「Department of TRANSPORT & WORKS」(国土交通労働省?)という役所にお勤めの英国人の高級官僚。独立前のナイジェリアに行かれ、ニュージーランド、日本を経てパプア・ニューギニアにやって来られたという経歴の持ち主。日本人の奥さん(三宅さん。ポートモレスビーの日本大使館にご勤務)と息子さんとの三人暮らしで、ボランティア活動の際に大変お世話になっている。

どうも日本出発前のEメールのやりとりで行き違いがあり、私たちはこれからパプア・ニューギニアに入ると思っておられたとのこと。悪いことをした。お二人ともお元気そうである。ボブさんもご勤務されている省庁の再編で大変であったようだが、無事頑張っておられるようだ。

「しーゆー!」

一三時五〇分。ボブさんご夫妻とお別れをし、出国検査を受け、そのまま搭乗。入国時と違いすっかり元気な次男は長男と将棋をしている。私はビールやワインをいただき、隣の席の老夫妻とお話をする。関本さんと言われ、ご主人は大阪市にある病院の外科医だそうで博学の方である。お二人はオーストラリアのケアンズに行って来られたとのこと。ははあ、なるほど。エアーニューギニは、オーストラリアへの乗り継ぎ便とする手もあるのだ。普通この時期のオーストラリア直行便は満席で、何とか行きたい場合、どこかを経由しないといけない。ポートモレスビーなら最短距離であり、最も搭乗時間の短い乗り継ぎ便となる。因みにポートモレスビーとケアンズの間はたった一時間で結ばれている。どおりで満員のはずである。ご主人にポラロイドで写真を撮ってもらう。奥さんは元教師とのことでこちらも才媛である。ママとは筆談で子供の教育や自己啓発について話をする。そうこうしているとあっという間に関西空港となる。関本夫妻や旦那さんの実家に向われるハネムーナー加来夫妻と別れ、羽田行きに乗る。

　羽田からモノレールとＪＲ京浜東北線を乗り継ぎ赤羽駅へ。零時を過ぎてしまっているので子供たちが寝やしないかと心配であったが、お昼寝を充分にした二人の目はパッチリしている。

「ふーっ」

　一月三日〇時三〇分、四人全員無事に我が家に到着。初めての海外家族旅行が終わる。

7　またパプア？

我が家でのはじめての海外旅行から帰って七ヶ月。お盆休みを利用してまたもやパプア・ニューギニアに訪問することになる。

お正月にパプア・ニューギニアから帰ってくると、もう我が家はパプア熱ににうなされることとなった。テレビを見ていても、

「パパ〜。これパプアとおんなじだねぇ〜」

とか

「パパ〜。ここはポートモレスビーとどっちが暑いの？」

と子供たちの思考回路は完全にパプア中心に動いている。

また子供たちは、お手製の「すごろく」をつくり、その中にパプア・ニューギニアの都市を書きこんだりしている。世界地図でも真っ先にパプア・ニューギニアを指さす。

「マダン、ポートモレスビー、ウェワク……」

こんな名前、小さい子供はおろか大人でも知らんでぇ。近所の子供と会話が成立しないのではないかと心配になる程のフィーバーぶりである。そして叫ぶ。

「パパ～。またパプアにいきたい！」


そんな中、転勤となった。


とある夕方の六時過ぎ、事務所で残業をしていると短いメールが入った。

「今晩でも時間がとれないか？」

差出人をみると、何と今このとき隣りに座っている上司からである。先程まで会話をしていたのにわざわざメールとは。

『怪しい……』

二人で事務所を出る。食事の場所を探す間、冬の寒さを肌に受けながら考えた。

『こりゃ転勤だな。どこやろう？　仙台があるかな。いや名古屋？　もしも札幌やったら困るなぁ。嫁はんは寒いところを嫌がってるし……』

店に着いた。お湯割りを口にしながらおもむろに上司が言った。

「大阪に行って欲しい」

「お・お・さ・か、ですか？」

大阪はカリスマ的なベテラン社員が一〇年以上も責任者として仕事をされているという謂わば「王国」である。この方は優れた表現能力と熱意それに豊富な経験・知識によって、お客さんから絶大なる信頼を得ておられるという社内外で有名な人物である。その後任として赴任しろという訳である。私はかねがね大阪の状況を見ながら、

「いったい、あの人の後釜は誰がするんだろう？　誰も勤まらんでぇ～」

と周囲の人に言っていた。しかし、よりによってその「行ってはいけない後任」の職として転勤することになったのである。

因みに、上司から転勤を告げられる場面には色々あるようだ。当社でもっとも一般的なのが、会議室や応接室に入って告げられるケース。その他もっと丁寧なやり方としては食事をしながら言われるケース（もっともスケジュールの合わないケースも多い）。もっと簡単なのは廊下で言われるケース。自動販売機の前や事務所の玄関先で立ち話で告げられた人もいる。もっとも酷いのは、会議の場で突然知らされるケース。普通は会議で発表される時には、予め内示を受けていてごく少数の関係者だけが知っている状態である。そのため発表時に皆んなの反応を楽しむということまでできる。しかし、本人も知らずいきなり会議で言われた折には、その狼狽振りや想像以

上のものであろう。しかしその稀有な「体験者」は私の身近かにいる。もっとも彼は一生の持ちネタとして披露できる特典も同時に獲得した……。しかし内示のシステムが夫々ない会社もある。

「〇〇日の朝には全員が事務所にいるように。異動該当者がいる場合には電話を入れます」

とのこと。当日人事部からいきなり辞令の電話がかかってくるそうだ。部長クラスでも例外ではないとのこと。またパソコンのメールで事務的に辞令が流されるところもあるようだ。

「あっ、なかった。助かった……」

てな具合だそうだ。もっと酷な企業もある。朝、辞令が出ると、その日の午後にとりあえず赴任せねばならないというものだ。これでは辞令の出る日の近辺は仕事の予定を入れられんでぇ〜。サラリーマンは厳しい！

ところで転勤の引継ぎが始まり、お客さんに面談するうちに益々「後任の大変さ」を実感することになった。

『こりゃいかん。早いことキャッチアップせねば……』

四月の初めにに赴任すると休日も返上で仕事に奔走しまくることとなった。しかし仕事が激しくなればなるにつれ、出費の痛手はさておき、いつもの反作用が起こってきた。

『スカッとどこかに行きたい。夏休みにでも行くか』

すっかり子供たちを連れ出すこともなくなったので、悪いと思って言った。

「きみたち〜。夏休みにまたパプアでも行くか？」

「え〜、パプア〜？」

子供たちには喜んでもらっていると思っていたが、その後、家内からこっそりと話された。

「子供たちは、『パパがまたパプアにいきたいといってるよ〜。ボクたちはおなじとこにはいきたくないのになあ』と言ってたよ」

とのこと。

「なんやそれ〜！」

あれだけパプア、パプアと騒いでいたのは何だったんだ　そしてウェワクで
「かえりたくない〜」

と言って泣いたあの涙はいったい……。

ちょうどお盆には、パプア・ニューギニアのマウントハーゲンというところでシンシンの祭りが開催される。かといってまたパプアでは、友達から浮いてしまいそうである。世間体もある。そこで、家族向きにとシンガポールに行くことにした。これなら皆んなの理解も得られる。ついでに近くのマレーシア（ジョホールバル）やインドネシア（ビンタン島）も行ける。そしてついでのついでにパプア・ニューギニアを加えれば、四カ国歴訪ということでパプア色も薄れる。これだ。これで行こう！

出発はもう二ヶ月前と迫っていた。早速ニューギニア航空に相談し、旅行会社を紹介してもら

い、もっとも観光客の多い時期のフライトと宿を何とか確保することができた。

てなことで、千葉県の家内の実家経由で成田空港からシンガポールへ出発。予定通り市内やジョホールバル（マレーシア）、ビンタン島（インドネシア）をそそくさと観光して、二〇〇一年八月一六日、ポートモレスビー行きの夜行便に乗るべくチャンギ空港（シンガポール）に着いた。

しかし順調なのはここまで。

搭乗予定の夜行便の出発が遅れるとのこと。二三時一〇分発であったのが大幅に遅れそうなのである。次男は熟睡してべったり抱かれた状態であるし、ここで長男に寝られたらまずい。荷物が運べなくなってしまう。

「ねないでね。にいちゃんがたよりだよ」

可哀想に長男は、弟よりちょっと先に生まれたばかりに大きな「責務」を課せられた。眠たい眼をこすりながら頑張って起きている。

『まだかな、まだかな、まだかな……』

小学一年生では酷だが、必死で眠気と戦っている。やっとこさ搭乗が始まり、〇時四五分に何とか飛行機は出発した。

しかし結局ポートモレスビーからマウントハーゲン行きへの朝の接続便に乗れず、空港待合室で次の便を待つことになる。次の便は一二時〇五分ということである。

「あ〜、時間あるわ〜」

待合室をうろちょろし、ジュースを飲んでいるとアナウンスが入る。

「次の便はディレイです。一六時五〇分に出発します」

「何⁉　一六時五〇分⁉」

それにしても豪快に遅れるものだ。

もうこうなるとあきらめて売店でサンドイッチやパイなどの昼食を買い込む。航空会社は飲み物のサービスをしている。今日はマウントハーゲンでの観光を予定していたが、それには行けなくて残念だが、思わずゆっくりと時間が取れる。ハードな日程が続いていたので、これはこれでよしとする。やっぱり「旅はハプニング」だ。

子供たちは地元の女の子と「いないいないばあ」をして遊んでいる。我々は新婚旅行で茨城県から来られているという鈴木さんご夫婦とお話をする。ハネムーナーにお会いするのは前回の旅行に続き二組目である。最初はフィージーを計画されていたが、一杯で行けず、色々と調べた挙句、パプア・ニューギニアにされたそうだ。到底行けない国だと思っていたが、意外と

ジャクソン国際空港待合室。約９時間の遅れ。子供たちと遊ぶ。

交通の便が良いということで決定されたそうだ。そして奥さんの発案だそうである。何でも『パパラギ』（エーリッヒ・ショイルマン著、岡崎照男訳、立風書房）という本を読んで、南国の素朴な島々へ憧れておられたそうだ。

因みに『パパラギ』は、西サモアの酋長であったツイアビという人がヨーロッパを訪ねたときに感じた文明社会の矛盾について島民に演説したものをまとめたもの。初版は第一次世界大戦終結後の一九二〇年にドイツ語で出版されている。「パパラギ」とは、サモア語で「空を破って現れた人」という意味で「ヨーロッパ人」を指している。ツイアビの批評は、ヨーロッパの日常生活、思想、経済、文化に及んでおり、我々にも考えさせられることが多い。「時間」に関するところでは次のように述べられている。

（前略）「時間が私を避ける」「時は馬のごとし」「もう少し時間がほしい」――いずれも白い人の嘆きの声である。

これはある種の病気かもしれぬ、と私は言う。なぜかというとこうなのだ。かりに白人が、何かやりたいという欲望を持つとする。その方に心が動くだろう。たとえば、日光の中へ出て行くとか、川でカヌーに乗るとか、娘を愛するとか。しかしそのとき彼は、「いや、楽しんでなどいられない。おれにはひまがないのだ」という考えにとり憑かれる。だからたいてい欲望はしぼんでしまう。時間はそこにある。あってもまったく見ようとしない。彼は自分の時間をうばう無数のものの名まえをあげ、楽しみも喜びも持てない仕事の前へ、ぶつくさ不平を言いながらしゃがんでしまう。だが、その仕事を強いたのは、ほかのだれでもない、彼自身なのである。

同様のことが、精神科医の高橋祥友氏によって「多忙幻想症候群」として指摘されている。

「お忙しそうですね」と言われて、「いやあ、忙しくて」と答えつつも、実際は本当に嬉しそうにしている中年の人がほとんどなのだ。「暇で困っています」などと冗談で答えてくる人はめずらしい（もっとも、最近の不況のもとでは、「忙しい」と言えるだけでも幸運だという反論の声も聞こえてきそうな気もするが）。

内容を検討することもなく、ともかく強迫的なまでにスケジュールを埋め尽くして、それで安心してしまう心性が中年の人にはたしかにある。手帳に書き込んだ予定に、少しでも余白があると、それだけで不安になってしまいかねないのだ（中略）。

「すべて」を「自力」で「全力」でこなすという態度は立派ではあるが、あまりにもこの傾向が強すぎると、余裕を失ってしまって、燃え尽きてしまいかねない。それほど重要でもないことでスケジュールを埋めて、ただ忙しくしていることで自分の価値を確認している傾向はないかどうか、ぜひ一度考えてみてほしい。「多忙幻想」というのは、中年の人にとって、きわめて魅力的であると同時に、危険な側面も備えている（『仕事一途人間の「中年こころ病」』講談社＋α新書）。

う〜ん、最早中年の私としては思い当たる節がないではない。兎に角忙しい。いや忙しくしているのかも知れない。特に転勤ひまなしで優先順位をつけるどころではない。またこの「多忙幻想」は、自分が「かけがえのない歯車」と思い始めることから始まるとも高橋氏は述べている。矢張り自分にとって本当に大切なことは何かを常に気にかけておかないといけないようだ。古今東西の人も警鐘を鳴らしてくれている訳だから。

出発まで時間がたっぷりある。

折角なのでポートモレスビー在住の三宅さんにお電話をする（これも「多忙幻想症候群⁉」）。要領が判らずダイヤルには苦心したが、ご不在のところ何とか職場の人に伝言できる。夕方一六時二〇分、三宅さんが待合室に来てくれる。三宅さんはご家族の関係で少し前に日本に帰省されていたそうだが、お元気そうで何よりである。

「ボクたち、パプアが好きなのねえ〜」

『すいません……、実は親が好きなのです……』

と再会を喜んでいるのも束の間、カウンターに急に人が並びだした。搭乗は一六時五〇分と言っていた筈だが……。どうも席の取り合いをしているようだ。

『これはいかん』

とカウンターに飛んでいく。やはり案の定、席の取り合いで、皆んな搭乗券をかざして係員にアピールしている。

『早い者勝ちなのか』

一緒に来てくださった三宅さんは、突然同様に手をかざして叫んでくれる。

「ジャパニーズ！　ジャパニーズ！」

係員はこれに気づき、早速チケットを処理してくれた。三宅さん助かりました。感謝。見ているとどうも外国人乗客が優先のようで、イギリス人とオーストラリア人と日本人は先に乗せてくれるようだ。しかしこれも乗ったもの勝ちだろうから、やはり諸外国ではアピールが肝要だ。鈴木さんにも事情をお話し、無事ボーディングができる。三宅さんのナイスアシストを受け、機体は一七時一五分にジャクソン国際空港を離陸した。

『何事もアクティブに……。そして優先順位をつけて……』

一八時三五分、飛行機はマウントハーゲン・カガムガ空港に到着する。泊まるホテルはキミニンガロッジというところ。空港から七キロくらいに位置している。二階建てのコンクリートブロック造で四九室ある。現地の旅行会社の人に明日からのシンシン観光のスケジュールを聞いて、部屋で休憩をし、その後レストランで夕食をとる。壁に爽やかな絵が描かれており明るい雰囲気である。バイキングになっており、子供たちの量に配慮しながらいただく。と、

「バシッ！」

部屋の灯りが消えた。停電である。これまた本当に真っ暗闇になってしまう。今までかかっていた音楽も消え食事客のざわめきだけが聞こえる。

『子供たちは泣かないか』

ところが子供たちは意外と冷静に対処している。

「ていでんだね」

キミニンガロッジ（マウントハーゲン）。

これも前回のウェワクの停電で慣れているせいかも知れない。

「経験は力なり」

である。停電はすぐに復旧し、皆んなほお～っとして食事再開。より良く料理をいただいて休むこととする。

さあ、明日はいよいよメインイベントの「マウントハーゲンショー」である。

8　マウントハーゲンショー

パプア・ニューギニア最大のイベント「マウントハーゲンショー」の当日だ。今回の旅行はこの祭りのためだけに来たといってよい。

マウントハーゲンは朝も冷える。昨夜は毛布一つにくるまりながら、縮こまって寝ていた。霧に覆われた幻想的な朝は、まだまだ寒さが残っている。

ショーに行くツアーが七時三〇分発ということで、早起きをしてレストランへ向かい、バタバタしながらの出発準備である。若干遅れてマイクロバスに乗り込んだ。既に数人の白人の男性と日本人のハネムーナーが待っておられる。悪いなあと恐縮するが、バスはなかなか出発しない。

ガイドさんが

「客がもう一人来ないので待っている」

と皆んなに説明しだした。

するとドイツ人風のがっちりした中年のおっさんが言った。

「一人のために皆んなが遅れていいのか。皆んな祭りを楽しみにしているのに出発すべきではないのか！」

西洋人らしく言いたいことをはっきり主張している。と、

「……確かにおっしゃる通りですが、このバスが出ると会場に行くバスが無くなってしまうので……、何とか待ってもらえないでしょうか……」

ガイドさんは頭を下げて懇願している。なかなかの商売人である。

しかし八時前になり、これ以上は仕方ないと、バスは見切り発車をした。まあ、祭りの開始は一一時なのでたっぷり時間はあると思うが……。

途中「エアポートモーテル」という宿舎で数人の白人をピックアップして空港近くの会場へと向かう。右手に荒涼としたマーケットが見える。泥色の土の上で露店を開いている。わざわざあんな地面の悪いところで営業をしなくてもと思う。後方に平地が拡がり、奥に山がひかえる。バスはさらに進む。そうすると道路を歩く人々の数が増えてくる。会場に見物に向かう人たちだ。そして次に着飾った人が現れた。こちらは参加する「出演者」である。ゆっくりと歩いている。歩きでは先は長そうだ。バスは順調に進み、ゲートをくぐる。ここまで来ると、もう大変な人だかりである。会場のメインスタンドの横にバスは止まり、祭りの準備風景を見に行く。

マウントハーゲンショーは、一九六一年に始められたイベント。パプア・ニューギニアの独立が一九七五年であるからその一四年前から行われていることになる。当時の地方長官イアン・スキナーは次のような意図を持っていた。つまり多くの敵対する部族を集め、平和や調和の大切さを少しずつ判らせること、相互理解を生むことそして政府の存在を知ってもらうことに役立てたいということであった。パトロールオフィサーが遠方の奥深い村々をまわりこのイベントへの参加を訴えた。また参加する部族の人たちが敵対する部族の領地を歩いて通り過ぎるときもそれらを監視するということまで配慮した。その結果ハイランド全域から五万人以上の部族が集まったという。今や参加者は全国から集まり、文化継承と観光とを兼ね備えたこの国一番のイベントとなっている。今年のグループの参加数は八三。過去最高が四〇であったようで大幅に増えている。これらのグループがシンシンを競う。

シンシンは「singsing」と綴る。「唄う（sing）唄う（sing）」という字面であるが、「唄って踊る」という意味になっている。また「祝宴」という意味もある。同じ語を重ねて新しい単語を創るというピジン語特有のパターンのひとつである。これで少ない語彙を補充している。この踊りは、歓迎の場面や儀式の場面等でなされる。シンシンはハイランド（高地帯）に限らず、パプア・ニューギニア全土でよく行われている。国賓が来られる際にも催されているし、日本の海上自衛

シンシンを競い合うマウントハーゲンショー。

隊が演習でポートモレスビーに寄港したときにも行われている。様々な場面でシンシンは繰り広げられているのである。立教大学教授の豊田由貴夫氏は、シンシンの主要な意味合いを「個人の威信を高め、それを周囲に示す」機会である、と指摘している。確かに派手である。見てくれやパーフォーマンスとも自己PRが激しい。装飾品も財産であり、通常手に入らない様な物（高地における貝殻など）を付けているのはステイタスとなるのである。全く宝石と同じである。凄い、と世間に思わすのである。また各部族にはビッグマンと呼ばれる地元の長老がいるが、ビッグマンは世襲制ではなく実力のあるものが選ばれる。そのためビッグマンを目指す人は派手に振舞って名声を得ることが必要である。その手段としてぴったりであるのがシンシンであり、ビッグマン候補者はこれを利用することになるのである。因みに階級制のあるポリネシアやミクロネシアと違ってパプア・ニューギニアは機会均等な平等社会であり、これからの競争社会にマッチしているとも言われている（もっとも競争社会は弱肉強食の世界であるので逆に潰されてしまうのかもしれないが……）。

昼からのショーの会場となる「カガムガショーグラウンド」というラクビー場に沿って反対側へ歩いていく。子連れの我々は皆んなから遅れをとったが、ガイドさんがちゃんと見ていてくれている。と次男、

「つかれた〜」

草の道を歩くが左程歩いているわけではない。要は退屈なのだ。また少々暑いのかも知れない。着込んだ上着を脱がせ特効薬の「あめ」を与える。

即、元気回復でメインスタンドの反対側に行くと、ショーに出る人たちがぞろぞろと歩いてくる。人数がまとまるとワイルドさ奇抜さが増幅し、壮観である。さらに進むと踊り手たちがグループ毎にまとまって集まっている。見ると踊り手たちが入念に化粧をし、そして踊りの最終調整をしているのである。装飾品としては、極楽鳥、オウム、サイチョウ、ハトなどの羽根、大きなキナの貝の首飾り、小さな巻き貝のブレスレット、椰子の葉っぱ等々である。また顔は全面に塗ったくったもの、繊細に縁取りしたものと様々である。特に男性のメイキャップが念入りだ。葉っぱ

祭りの準備風景を記念撮影。

入念にペインティングをする男性。

の上に乗せた、顔料の粉末にペットボトルの油を注いでいる。ボトルには「SAYABEENS」と書いてある。どうもサラダオイルを使っているようだ(本来は豚の油が多いそうだ)。それで鏡を見ながら、顔をカラフルに塗っていく。褐色の顔が鮮やかな原色の顔へと変わる。オイルは直接肌や腰に付けている椰子の葉につけて光沢を出すことにも使われている。艶の出た褐色の肌はギラギラ輝いている。

目を見張る「てかり」である。

「う～んこれは凄い」

とほれぼれしながら見ている。と、次男

「もうかえろ～」

おっとこれは困った。まだ来て一時間しかたっとらんぞー！　ここで帰ったらいったい全体何のために来たのか判らない！　またもや特効薬が必要か⁉　と思いきや、彼らは何かに興味を示した。マッドマン(泥の男)である。頭から粘土で作られたマスクをかぶり、身体も同じく粘土色に塗られている。彼らは一般的に有名なアサロ渓谷ではなく、チンブーのクンディアワという町から来ているとのことだ(アサロ渓谷とクンディアワは山を挟んで同じハイランドハイウエ

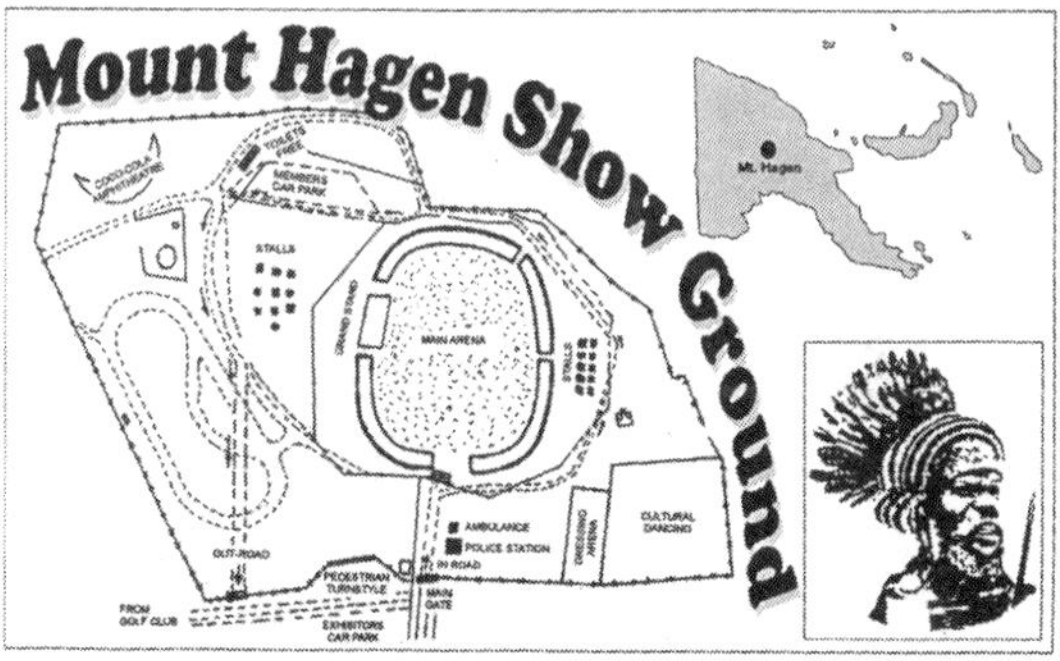

真ん中のグランドがショーの会場（パンフレットより)。

マッドマンの仮面をかぶせてもらう。

イ沿いにある）。マッドマンはショーマンシップよろしく、取り囲んだ観光客にスローモーションで「襲いかかって」くる。しかしマスクの表情が間抜けな感じであるから、

「怖いだろ〜　怖いだろ〜」

と手をかざす動作がよけいに滑稽に思えてくる。子供たちには結構受けた。喜んでいる。マッドマンの足下には、小型の「マッドマン人形」や薄い石片にマッドマンが刻まれたネックレスをお土産用として販売している。子供たちはネックレスが欲しい模様。図柄が大変可愛らしいのでまとめてディスカウントしてもらい購入する。そうこうやりとりをしていたらマッドマンが、脱いだマスクをかぶせてくれる。これは結構重いものだ。竹で枠組みが作られており、その上に布のようなものが貼られ、最後に粘土が塗られている。マスクは子供たちもかぶせてもらい、良い記念になる。サービス精神旺盛で楽しませてくれる。

このマッドマンの起源に関しては色々あるが、アタイロ・カニスオというアサロ渓谷出身の人が彼の父から聞いた話としてニューギニア航空の機内誌「パラダイス」に次のように寄稿している。

ホロサ（母はマッドマンのことをこう呼んでいた）は私の祖父プキロ・ポデによって始められた。ホロサ（マッドマン）はアサロ渓谷のコムニベ村が最初である。村には四つのクラン（ある特定の祖先の子孫であると信じている人々の集団。氏族ともいう）があるが、私のクランであるガビナでマッドマンは創られた。他のクランはセハユハとオコロハユハそれにガナディユハである。

大昔は、村々の部族の争いがいつもあり熾烈であった。村人たち

祭りの人気者「マッドマン」。

は生き延びるために重要な土地を獲得するためにお互いに争った。そして勝ち残ったクランは見つけた物全てを略奪した。略奪品は通常、豚、穀物、女性、子供であり、男子はたいてい殺された。

そんな時、私の祖父プキロ・ポデとルプヌホ・ポデの兄弟が他の村との戦いに役立つものを新しく創り出したのである。彼らはその計画を同じクランの人々に提案し、同意を得た。翌日、村中の人たちはその計画を知り、この二人の提案はうまくいくだろうと考えた。そして村人全員が近隣の敵地の村ケネチサロに向かった。

勿論この計画は私の祖父と彼の兄弟がホロサになって敵を脅すというものであった。初めてのマッドマンを見た敵の村人たちは、所持品を置いたまま四散して逃げた。彼らはこんな恐ろしい姿のものが村にやってくるのを全くもって生まれて初めて見た。その後すぐ祖父と村人達は敵に対して矢を放ち、全員を殺し、ほぼ空っぽになった村を後にした。このアイデアは実にうまくいき、間違いなく大成功であった。そして先祖の人たちは敵を脅して殺すというこの方法を何年間も使っていた（筆者抄訳）。

またこのマッドマンは、建物の新築祝いに呼ばれて他の州へ演技をしに行ったり、アメリカやオーストラリアへの海外ツアーまでしている。エラ・モーターズという自動車ディーラー最大手の広告では、マッドマンがトヨタのランドクルーザーに乗車している写真が掲載されている。コピーには次のように書いてある。

「アサロ渓谷のマッドマンは彼らのユニークかつ神秘的な流儀でパプア・ニューギニア全土に知られている。同じくトヨタのランドクルーザーもその信頼性と性能で全国的に良く知られている」

トヨタのランクルとマッドマンではちょっと組み合わせがどうかと思うが、それだけ皆んなから愛されているキャラクターになっているということなのであろう。

「もうかえろ〜」

次男がまたもやごねだした。こりゃまた困ったなあと思っていると、

「ドンドコドンドコ」

太鼓の音と共に踊りの練習が始まったのだ。

子供たちは目を点にしながら、女性が一列になった踊りを見ている。

「ワーオ、ワーオ、ワーオ！」

次男はニコニコしながら長男に言う。

「おっぱいぶらぶら　おしりふりふりふり〜」

長男も呼応する。

「うああ〜　おっぱいぶらぶら　おしりふりふりふり〜だね」

どうも優れた特効薬が現れたようだ。

陽射しが強くなってきた。高地とはいえ熱帯、随分暑くなっている。豚肉の塊りをたらいに入れて販売している露店を覗きながら、そろそろ練習場からメインスタンドの方へ戻ることとする。踊り手たちがスタンバイ状態になると、通りは人でごった返し、真っ直ぐ歩くこともままならなくなる。バスに帰ってひと休みする。ママと次男がバテている。特にママは腹具合も悪いようでグロッキーである。今まで強行スケジュールだったのでこたえたようだ。

「パパ、うんち」

おっと、きたきた。これは日本でもよくあること。家で済ましておくという「技」がまだ出来ないのだ。歩いて二、三分のところにコンクリートの基礎がちょっと立ち上がっている場所がある。その上に簡易トイレが設置されている。階段を何段か登りトイレの前に行く。入り口の上にぶら下げられた大きなビニール袋にトイレットペーパーが一杯詰め込まれており、そこに手を突っ込んで一つを取る。番人がいたが、トイレの料金は無料だ。男性用のトイレは大用は洋式の白い陶器製の便器で日本でもお馴染みのもの。小用は単に床に溝があるというもの。これなら違和感がなく安心して出来る。息子は座って、さあ事を成そうする。するとその時、

「ガッシャーン」

便器が手前に倒れたのである。

「どうしよう〜」

根元から割れたようだ。流石にびっくりした息子は泣き叫ぶ。それはそうだ。誰も便器が割れるとは思わない。逆に便器は安定して安心する場所という思いがある。急いで番人を呼び事情を説明する。番人はもう一人現れ、二人がかりで必死で便器を起こしている。しかし壊れてしまったようで直らない。我々には済まなさそうな顔をしていたが、気の毒に息子はまだ事半ばである。ウーウー唸っている。急いでトイレットペーパーを何枚か重ねて簡易トイレを作り、何とか用を足させる。やれやれ。

帰り道に露店に寄る。五つぐらいの出店があるが、ほとんどがゲームをさせるところである。息子の気をひいたのは「風船割り」である。要領は簡単でテントの上から吊された風船をボールを投げて割るという単純なもの。割れるとお金がもらえる。これはいつもテレビで見ているTBS系の番組「体育王国」(昔の「筋肉番付」)の「ストラックアウト」の単純版である。「ストラックアウト」は番号のついた九枚のボードを野球のボールを投げて落とすというゲームだが(他にソフトボール版がある。単純だが面白い)、これの原型のような遊びだ。

「やりたい」

見ていると誰も当たっていない。皆んな必要以上に全力投球している。血相を変えて力んでいる。背面の青いビニールシートがボコッと大きな音をしている。当たらずともストレス解消にはなっているのだろう。一球一トイヤ(約四円)。二トイヤ払って親子で勝負だ。先ずはパパから。ものの三メートルくらいしかないので簡単である。大きく振りかぶり
「それ!」
と「パプア式」に全力投球する。が、易きと思いきや球は全然違う方向に……。取り巻きは大喜びだ。さて息子が投げるときには観衆の声援が増える。よいしょっと投球するが、これは遙かに届かない。まあ、これはこれで拍手をもらったのでお愛嬌である。

素朴な「風船割りゲーム」

バスに皆んなを残して、メインスタジアムに入る。ゲートでは門番が何人も厳しく入場者のチェックをしている。入るにはマウントハーゲンショーの丸いバッチを付けていないといけない。これが入場許可証である。
スタンドといっても特に椅子が置かれているわけではない。芝生の平地である。半分ぐらいは露天商の店が占めており、手工芸品が並べられている。中央に高床式の二階建ての小屋があった

ので上がる。ここからはグラウンドが一望できる。なのに何故か人が少ない。貴賓席なのだろうか。

一一時、会場の正面で吹奏楽のチームの演奏が始まる。続いて「テコンドー」の少年の一団がグラウンド中央で演舞をしている。何故韓国の武道であるテコンドーをやってるのか判らないが、随分異質な取り合わせである。パプア・ニューギニアに韓国の人が多いのと、協賛企業に「Tae Won Trading」という韓国系の企業が入っているのが関係しているのかも知れない。そうこうしているうちに、シンシングループの入場が始まる。競技場の端から踊りながらやってくる。部族毎の踊りを遺憾なく披露している。でも、吹奏楽団のドラムの音が大きすぎて、シンシンの音が負けている。がんばれ！伝統音楽！　しかしこの入場行進は盛大に続く。中央では、相変わらずテコンドーが型を披露をしている。

因みにテコンドー（跆拳道。「跆」とは「足で踏む」と言う意味）は、韓国の国技。空手に似ているが後ろ回し蹴りなど足技が多用されるのが特徴（実際試合の約九割が蹴り技の応酬とか。「足のボクシング」とも言われる）。試合は三分三ラウンドの合計ポイントで争われる（ノックアウトもある）。起源には諸説ある。一般的には韓国固有の伝統武術「テッキョン」や「スパク」に改良が加えられて完成したと言われているが、一方でテコンドーは韓国固有の武術ではなく一九四五年以降、日本へ留学していた学生が韓国に戻り、留学時代に習った空手を普及させたのが始まり

ショーのオープニングは何故かテコンドーが主役であった（グランド中央）。

という正反対の説もある。いずれにしても現在は韓国が世界に誇る武術になっている。日本での競技人口は約一万人だが、世界では一五〇ヶ国で行われ一五〇〇〇万人。アメリカでは空手より競技人口が多い。二〇〇〇年のシドニーオリンピックからオリンピックの正式競技となった（空手はまだ競技種目ではない）。世界組織は世界テコンドー連盟（ＷＴＦ）と国際テコンドー連盟（ＩＴＦ）の二つがある。最初に国際テコンドー連盟（ＩＴＦ）が設立されたが、政治がらみで本部がソウルからカナダのトロント（現在はウィーン）に移されたことから世界テコンドー連盟（ＷＴＦ）が急遽設立されたという経緯がある。オリンピックのルールはＷＴＦのものであるが、これらの二つの連盟は加盟国数を競い合っているとか。パプア・ニューギニアにはＩＴＦがある（ＩＴＦＰＮＧという）。マウントハーゲンからも強化訓練や昇段試合のために選手をオーストラリアまで派遣している。

日本では二〇〇〇年のシドニーオリンピックで岡本依子さんが銅メダルを取って知名度が上がっ

たが、まだまだ地味な存在である。岡本選手の地元（大阪府門真市）では、彼女がテコンドーを始めたとき近所のおじさんたちが次のように話していたとのことだ。

「テコンドーってなんやねん」

「なんでも足でするボクシングらしいで」

「そうかあ。手は使わんのか？」

「手はあまり使わへんねんて」

「そんなら〝足で蹴ります、手は今度〟、そやから〝テコンドー〟って言うんやな」

「そやろ」

流石、関西である。この手のボケとツッコミが根付いている。この明るさが岡本選手活躍の一つの拠り所になっているようだ（以上、ミラージュ「テコンドーの世界」ホームページ、岡本依子『大泣きテコン銅《ドー》メダル』幻冬舎、『イミダス』集英社より）

プラカードを先頭にしたシンシンググループの行進が続く。オリンピックの入場行進や大阪の御堂筋パレードでもこれ程の奇抜さはない。「私」を抑えた甲子園での高校野球の入場行進と対局にある。同じようにプラカードで行進しているのに、こちらはド派手に着飾っているグループ、葉っぱの色に統一している地味なグループ、マスクをかぶった異様なグループ等々が、原色や自然色それに原音や奇声を撒き散らしながら自由奔放に自己主張している。

プラカードを先頭に各グループの入場行進が行われる。

メインスタジアムの演台では偉そうな人がスピーチをしている。声が大きすぎるため、パレードの音楽がかき消される。テントのあるところで昼食が配られる。昼食はサンドイッチとバナナとミネラルウォーターである。このサンドイッチがまたボリュームがある。食パン四枚で一人分である。子供も同量である。バスに戻って精力的にかぶりつくが、かなり残してしまう。少々元気になったママは「貴賓席」に見物に行く。しばらくして帰ってきた。

「なんかグランドに観光客が入ってるよ」

「ん？」

見ると、円周のトラックを行進し終わったグループが、中央の芝生に各々固まって座っている。そして観光客が三々五々観覧席からグランドの中に入ったと思ったらすぐそばに寄りついていった。

「そんなんあり～？」

おとなしく観覧席で見ていなくても良いのだ。急いでママと子供たちを連れ、グランドの中に入る。正面では演説がまだ続いている。演台を取り囲んでいるワイルドな格好の人々は行儀良く神妙に話を聞いている。遠巻きにしているグループの人たちは、あぐらを組みながらゆったりとしている。カメラにポーズをとってくれたりする。ちょうど良い昼の休息なのであろう。昼ともなると流石に暑くなる。陽射しが強い。こんなときにはゆっくりしているのに限る。記念撮影などしていると、

「ワー！　ウォー！」

グループが騒ぎだした。唄と踊りが始まったのである。そういえば演説も終わっている。ママと次男は疲れたようで地面に座って休んでいる。長男と写真を撮りに行く。

と、あっちでもこっちでもと、一斉に踊りが始まる。皆んなそれぞれに踊り出しているのである。踊りを競うというから順番に披露していくのかと思ったが、全体が一気に踊るのである。これは忙しい。祭りの本番は広いグラウンドで「同時多発」的に始まった。

迷子になってはいけないとママと次男のところへ戻る。ここでも息子たちは

「おっぱいぶらぶら　おしりふりふり～」

が気に入っている。

「どうして好きなの？」

「だっておっぱいとおしり、すきなんだも～ん」

子供たちに最も関心のあった女性のグループ。

子供たちの好きな「おっぱいぶらぶら」……。そもそも女性の乳房はなぜあのように発達しているのだろうか。動物作家の戸川幸夫氏は、定説を次のように紹介している。

元々哺乳類は、母親がわが仔を育てるための授乳器として乳房を発達させてきた。そのためほとんどの雌の乳房は妊娠して、赤ん坊が生まれる頃になって初めて肥大し、その仔が乳離れするようになると縮小する。つまり授乳に必要なときだけ大きくなる。ところが人間の場合は女性は思春期の頃からだんだんと大きくなり、性体験のない娘でも目立つほどの乳房をもつようになる。しかもほとんど肥大したり縮小したりしない。授乳期を過ぎてもそう縮小しない。人間の女性の乳房は単に授乳のためだけのものではない。それは女性が男性を惹きつける武器として乳房を使用しているからである。四つん這いで歩行している獣たちは、相手の確認をまず性器によって行っている。雄たちが関心を持つのは相手の容貌（の美醜）ではなくて、雌の臀部である。お尻の筋肉のふくらみは雄たちを興奮させる。しかし人間は直立し、しかも向かい合う生活が多くなったために女性たちの発達したお尻のふくらみは眼に入らなくなった。そこで女性たちは男を惹きつけるために、お尻のふくらみに代用するものを、前部の、眼の高さに近いところに陳列した。つまりお尻のコピーとして乳房が大きくなった(『ヒトはなぜ助平になったか』講談社文庫)。

子供たちが「おっぱい」と「おしり」に関心があるのは、人間（いや男性）としてごく当たり前のことなのだ。

喚声と土埃の中、そろそろ皆んな疲れてきたようなので、駐車場へ戻る。ホテルとの間をシャトルしている迎えのバスは、まだ来ない。次男がまだ露店のゲームをしていないので息子たちと三人で出掛ける。

輪投げがあった。これは単純なので小さい子でもできる。小さいテーブルの上に置かれた空き瓶に輪を入れるのである。テーブルの周りは大勢の人だかりとなっている。息子たちにやらせようと人だかりに割り込む。テーブルの前に出れた息子たちが順に輪を投げる。珍客の到来である。取り巻きから大きな歓声が上がる。と、私のズボンがゴソゴソしている。

「ん？」

スリである。見ると隣にいる若い男が、私のズボンの前ポケットに手を突っ込んでいる。財布を盗ろうとしているのである。

「こらー！　何しとるんじゃー！」

こうなるともう日本語である。しかし男はしたたかである。にやっと笑ってまだ手を伸ばしている。

「ええかげんにせえ!!　あほんだらー!!」

やっとこさ手を振りほどくと、男はニコニコしながら言った。

「Give me money（金をくれ）」

本当に懲りない奴である。周りの男達も笑っている。そこでふと、気づいた。真っ昼間とはいえ、これは結構まずいところにいる。ましてここは単独行動に気をつけなくてはいけないハイランドである。急いで群衆から離れ、駐車場へと戻る。気づいたら、後ろポケットに入っていたハンカチが盗まれていた。気に入ってた物だったが、まあハンカチで良かった。盗られた方が悪いのだ。残念ながらパプア・ニューギニアにはこの輩がいる。「ラスカル」という連中でこの程度はマシな方で、酷いのは白昼堂々の強盗殺人まである。旅行者は制約の中で行動すべしということを忘れずにいたいと思う。もっとも事件という面では日本だって引けをとらない。夜一人で歩かない方が良いと言われている地域だってある。犯罪に巻き込まれたくなかったら、巻き込まれそうなところへ行かないというのが鉄則だ。旅だから何でもＯＫとはならないのは当然のことだ。

バスを待つ間、グランドから来る祭りの残響の中にいる。

独創的な踊りを競う祭りという面では、日本に似た祭りがある。それは「よさこい祭り」である。

「よさこい祭り」は、高知市で行われる夏祭りで八月九～一二日の四日間行われる。一五〇チーム以上、一万七〇〇〇人を超す参加者がある壮大なイベントであるが、今や本家より有名になった札幌の「ＹＯＳＡＫＯＩソーラン祭り」を始め、全国五八ヶ所に波及し、七〇〇〇チームもの人が踊っていると言われている「元気印」で「現在増殖中」のイベントである（何とアフリカのガーナにまで普及している……）。

現在日本で最も「増殖中」の祭り
「よさこい祭り」

「♪ンパ　ンパ　ンパ　ンパ♪」

レゲエのリズムが踊りのグループを先導する飾り付けをしたトラックから溢れ出す。「地方車」と書いて「じかたしゃ」と読む（「ちほうしゃ」ではない）四トン車程度のものだ。バンドとスピーカーなどの音響設備を搭載した車である。

「シンシン」顔負けのエスニックなものまである。日本舞踊調のものからジャズダンス調のものまである。参加者も高知

どんどん進化中の「よさこい祭り」は、2003年で発足50年である。

市役所などの役所から飲み屋仲間のグループまである。もう何でもありという状態である（以上、ホームページ「よさこいネット」「高知新聞　ビバ！よさこい祭り」、高知商工会議所『よさこい読本』、阿南透『伝統的祭りの変貌と新たな祭りの創造』、小松和彦編『祭りとイベント』小学館に掲載、を参照）。

実際にこの祭りを見てみたが、その迫力は凄まじい。前夜祭のステージ（「演舞場」と呼ばれる）では背景に打ち上げ花火が炸裂する中、舞台一杯に拡がった踊り手達が並はずれた音楽と照明と観衆の中でパフォーマンスを披露する。その勢いは次の日も続く。街中をパレードするのだ。道路を進むのでステージの様に横には広く展開できないが、それでも道幅目一杯踊り歩く。曲や踊りにはどうも流行り廃りがあるようで最近はシンプルなものに戻ってきたようだが、それでもアップテンポの曲が多い。もっとも祭り全体の運営に支障をきたすということから、踊りのテンポが極端に遅くならないように注意するというルールもある。踊りはまるでエアロビクスである。しかもこれは上級コースである。ただでさえ激しいダンスである上に、折から真夏の猛暑である。踊り手たちから吹き出した汗が見物客にも飛び散ってくる。アーケードの屋根からもボタッと水滴が落ちてくる。空気中の水蒸気が多すぎるのだ。

熱気だ。踊り手たちは若い人たちが多い。特に女性が多い。この激しさでは若者でないと到底出来ないし、軽やかな女性がぴったりなのであろう。実際参加者の内、女性は八割くらいを占めていると言われており、完全に「女性のお祭り」という印象を受ける。高知県は、女性がしっかりしているということで有名な県だが、若い女性が笑顔で溌剌と踊る様はこの祭りで遺憾なく発揮されている。坂本龍馬を始めとする維新の立て役者たちも高知県の顔であるが、彼女らも現代の顔なのかも知れない。

シンシン顔負けのワイルドな衣装も舞う（帯屋筋アーケード街）。

　しかし彼女らが気持ちよく踊れるのも企画・運営があってのこと。事務局である「よさこい祭り振興会」（入交《いりまじり》太二郎会長）は驚くほど少ない人数でこの巨大な祭りの企画・運営に奮闘している。また各チームでは、音楽、振り付け、衣装、その他の段取り（演舞場間のバス移動、食事他）の準備に何ヶ月もかける。プロの企画会社に依頼することもある。優勝をするチームのレベルになると、チームに参加する際の審査も厳しいようだ。費用も三〇〇～一〇〇〇万円くらいかかるようだ。やるのも大変である。その中で受賞を競う。団体と個人である。

ここでパプア・ニューギニアのマウントハーゲンショーと比べてみると、似ている点は三点ある。

第一の共通点は、共に踊りを競い合うということである。踊り手の他に審査員がおり、衣装、踊り等で如何にアピールするかが重要となる。そのため派手なグループが多いが、逆に地味にして目立とうとしているものもある。踊り手は準備に多くの時間を割く。

第二の共通点は、共に部族単位である点だ。

シンシングループは、土地土地でのコミュニティが基本になっている。「よさこい祭り」のグループを部族と言ってはおかしいが、よさこいの参加者は企業、商店街、官公庁、学校、「なかよしグループ」等である。必ずしも地縁ではないが、地域、組織で強く結ばれているので、これらも一種の「部族」と言えなくはないのではないか。ただ、よさこいは一般募集による自由参加を行っているグループも多く、一方で一般参加者で次の年には他グループで参加する人もいるようで流動性が高い（他県からの参加者もおり、またインターネットを介して参加した人もいる）。

そして第三の共通点は、宗教性がないことである。

シンシンは宗教的な儀式であるとてっきり思っていたが、どうもそうではない。お祝い事の余興で行われていることがほとんどのようだ。先に述べたような重要な客を歓迎する時、建物の竣工の時、収穫を祝う時、結婚を祝う時、シンシンは行われる。よさこい祭りも宗教性がないが、最近では後付けで「よさこい稲荷神社」という鳴子を供養する神社ができている。

よさこい稲荷神社（高知大神宮境内内）。

次に違う点は次の五点である。

第一の相違点は、開催の意図である。

ハーゲンショーは、そもそも各部族間の争いを少しでも緩和さそうというのが発端であるが、現在は民族文化の維持という点に力点が置かれている。西洋化、キリスト教化に埋没しそうな独自の文化に誇りをもって存在価値を見いだそう、そのためにこのイベントを盛り上げていこうと考えている。また自らのアイデンティティーの確認の場にもなっている。しかし現実には、観光つまりお金を稼ぐためという面が大きく、この面がクローズアップされすぎると文化の維持という面でマイナスになりかねないと懸念する人もいる。

一方よさこい祭りは純然たる観光目的である。しかし当初の目的はそうでも近年はそれだけにとどまらない。若者の自己主張の場であると同時にもはや町の誇りとなっている。我が町の祭りという心の拠り所にもなっている。それが全国各地に波及している要因であると思う。

第二の相違点は、祭り以外の場面でも踊りが行われるか否かという点である。シンシンの場合は先に述べたようにショーの他に社会的行事として行われる場所・役割がある。それに対してよさこいは基本的にこの祭りのための踊りである。他のイベントに参加することはあっても、基本的に祭りの場面だけである（但し最近は余興としても踊りが個別に披露されている。因みによさこいは「京都まつり」に参加している。このイベントは各地のお祭りが一同に会するもので、京都建都一二〇〇年を記念して創設された。また二〇〇二年五月には「よさこい国際交流隊」という組織が発足し、八月にマレーシアでの「ジャパンフェスティバル」に参加した）。

第三の相違点は、個々のグループの踊りに伝統的な要素があるかどうかという点である。シンシンの場合、各部族の踊りは伝統に根付いた何がしかの意味がある。例えばマッドマンは、先に述べたように他部族との戦闘の際に威嚇するという意味があったし、鳥のカソワリには豊かさを表すという考え方がある。つまり実際の生活面で意味を持った踊りなのである。ハーゲンショーはこれらの個々の祭りを集めたイベントと言える。一方よさこいは、「よさこい鳴子踊り」のワンフレーズを含むことと「鳴子」を持つことがグランドルールになっているという以外は、地域の伝統を取り入れる必要は全くない。まあこれもやがて参加グループ毎に持ち味が出され、そのうち「伝統」になるのかも知れない（二〇〇二年には日韓合同の「Ｊａｐａｒｅａｎ」《Japanese+Korean》というチームも現れた）。

豊かさを象徴する「カソワリ」という鳥に扮している。大変暑そうだ。

それにしても根本的に非常におかしなところがハーゲンショーにはある。伝統に根ざした各部族のシンシンなのに、それに順位をつけているのである。委員会と地元からなる十人くらいの審査員達が各グループを回って伝統的かどうかを採点し（ランクはＡからＥまでの五段階）、それらの合計点数で第一位を決めるのである。自由創作や逆にレベルが同じであれば判るのであるが、マッドマンと鳥人間という全く異質のものに一体どう優劣をつけているのであろう。理解に苦しむ（因みに今回の優勝はワベッグという地方から来たグループで、受賞理由は最も伝統に則っているということであったという。一〇〇〇キナ（約四万円）が支給された）。

踊り手が持つ「鳴子」。「鳴子文化圏」という言葉もある。

　第四の相違点は、参加費用が出る出ないという点である。シンシンの場合は踊り手の交通費、宿泊費は支給される。原資は入場料と協賛企業の支出金であるようだ。因みにハーゲンショーの入場料は外国人が一五〇キナ（約六〇〇〇円）、現地人が二〇キナ（約八〇〇円）という設定になっており、二重価格も甚だしい。入場料収入を試算してみると、今回のハーゲンショーでの外国人観光客の数は約五〇〇人、ゲートを通過した人の数が約六万人とのこと。ゲートを行ったり来たりした人もいるだろうから、三分の一として約二万人。となると入場者収入は約一九〇〇万円。踊り手は約二〇〇〇〇人とのことであるので、仮に人数で分配してみると一人あたり一万円弱の割り当てとなる。これは大きな金額だが、その他に会場費、機材費、パンフレット作成費、審査員その他の人件費、音楽バンド等の招聘費、賞金等が必要であろうから、やはり企業の協賛金が当てにされるのであろう。協賛企業にはＥＭテレビ、コカコーラ、韓国企業、エラモーターズなどの大企業と見られる会社が名を連ねる。日本企業は残念ながら絡んでいないようだ。

　よさこいは事務局へ参加費用を支払う（無料もあるが、大抵は参加費用を出す。一万五千円～二万五千円くらいが多い）。勿論自治体と大企業が協賛しているが、ステージも観客席も大作りである。洗練された前夜祭を見ているだけでも、お金がかかっているなあと思う。

第五の相違点は、準備風景が見られるかどうかという点である。

ハーゲンショーでは多くの参加者が踊りの準備やメイキャップをしているのが間近に見られる。他のシンシンの中でも最も多くの人々の準備風景を見られるのがこのハーゲンショーのようだ。素朴な顔かたちが奇抜な出で立ちに変化するのをじっくりと見るのは本当に面白い。ショーのプログラムにも準備の時刻が書かれている。あらかじめ観光客に祭りの過程を楽しんでもらおうという企画が盛り込まれているのである。よさこいはそのようなことはないが、今後そんな企画も面白いのかも知れない。

以上が共通点と相違点であるが、そもそも現代人は何故祭りをするのだろうか。

一言でいうと、やっている人が面白いし、やらせてる人も面白いからであろう。

甲南大学教授の森田三郎氏は祭りの特徴を

一、聖性／非日常性（やってはいけないこともある。特別なルールがある）
二、周期性（一回きりではなく年に一回とかある）
三、集団関与（何人かが共通してもとめている幻想がある）

鳥の羽根の頭飾り、貝の首飾りなど豪華な装飾。

とし、集団の視点からと個人の視点からの両面で祭りの意義を次のように考察している。

集団の視点からすると、祭りの意義は、成員に帰属意識をもってもらい集団を維持・存続させることである。「集団がある以上祭りがある」と言ってもいいくらいである。逆にいうと祭りがなければ集団は解体過程にあるといえる。学校の入学式や卒業式、家庭での子供の誕生日等も祭りの一種である。また個人の視点からすると祭りの意義は、アイデンティティーの確認と快感である。祭りは色々なメンバーと役割を分担しながら成り立っているため他の人との繋がりができ、社会的な位置づけができる。それが共感を呼ぶ。

「自分は人間だ！」

「同じ仲間だ！」

ん？　会社も集団である以上祭りの意義はそのまま会社経営にも当てはまるのではないか。社員に帰属意識をもってもらい、組織を維持・存続させる。なおかつ社員が生き生きと活性化する。祭りを研究すると会社の経営のヒントになるのではないか。そういえば会社生活には仕掛けが多い。会議、人事面接、研修会、歓送迎会、社員旅行、新年会、忘年会、販売促進キャンペーン、会合。わが社では最近は社内旅行も下火であるが、昔は運動会も盛大にやっていた。事業部対抗戦であったが、わが事業部は体育会系である。常に優勝を狙っていた。そのため一ヶ月前くらいから準備をするのである。例えば男性陣はムカデ競争の練習をするために近代的なオフィスビルの廊下を定時後に練り歩いたり（転んで血を出す奴も何人かいた）、女性陣は近くの公園で「棒引き」の練習をしたりした。

「棒引き」の練習は昼休みに日比谷公園で行われた。日比谷公園はオフィスや官庁街の真ん中にある公園。昼休みにはお弁当を食べる人たちや休憩を取る人たちで賑わっている。そんな多くの視線の中、棒引き練習が始まるのである。竹の棒を真ん中にして二〇人もの女性が二手に分かれ、審判の合図の下、スタート地点から走って中央の棒を取り自陣に持ち運ぶというもの。綱引きの変形である。

「F作戦！　F作戦！」

リーダーが大声で指示をする。

「F作戦？」

F作戦とはフライングをする作戦のこと。

「鉄砲が鳴ってから走っては駄目なの！　鳴るちょっと前に走り出すのよ！」

フライングすれすれで走り出し、中央の棒を引っ張る。一方は歯を食いしばって防戦する。

「ヨイショ！　ヨイショ！　ヨイショ！」

穏やかな小春日和の昼下がりの空気を一変させる異様な乙女たちの集団。

今思えば会社としても絶好調の時期であった。

最近の若者はこのような会社行事を喜ばないという。

本当にそうか？

会社ぐるみでよさこい祭りに参加されている企業の人から聞いた話では、社員にアンケートをとった上で参加されているらしい。そしてこの祭りに出られることが入社の一因となっている社員もいるようだ。会社の行事が本当に魅力的なものであれば、若い社員も喜ぶのではないか。

また現代の日本の個々の祭りを
A、カミのあるもの（「祭祀性」「宗教性」「儀式性」のあるもの）
B、カミのないもの
という要素で分けると、
Aのパターンは、伝統的な日本の祭りである。氏子が祭りを運営していく典型的な地縁の祭りである。参加者が限定されているのが基本だが、最近では限定されていないパターンが増えてい

勇壮な福岡の夏祭り「博多祇園山笠」（撮影　中村明記氏）。

る。東京の神田祭りにしても一般参加が増えており、女御輿という一般参加のみでできている御輿まである。私が参加させていただいている博多祇園山笠もベースは地元の方だが、我々のようなよそ者の「助っ人」も多数参加させてもらっている。私が仲間に入れていただいたときは、ドーナツ化現象で街中に住む人がどんどん減っていき、祭りの運営にも支障をきたしかねないという状況のときであった。現在は町内に所在している大企業の従業員の方も多数参加されており、また外国からの留学生も参加するなど、どんどん「多国籍化」している。参加の条件は、町内の人または祭りの功労者からの推薦がいること、である。そしてその前提として、体力があることと祭りのしきたりについていけることが必要である。やはり町内が祭りの運営のベースであるため、当然のことながら地の人は尊重される。子供たちも小さい頃から参加し、エリート教育を受けていく。彼らが若くして「赤手《あかて》」（真っ赤な手拭いを頭に締めることができる人。「赤手」からお客さん扱いである「一般」ではなく主催者側になる）になると、いくら人生の先輩でも彼らの指示には従わなくてはならない。但し「助っ人」として参加できるといっても、七つの山（と呼ばれる巨大な御輿）が一分一秒を争うタイムレースであるので、自ずと参加人数は限られてくる。あまり増えすぎると山の進行上の邪魔になるのと、主催者による「管理」が行き届かなくなるからである（怪我も起これば、喧嘩も起こる結構危険な祭りである）。いずれにしてもカミのいる伝統的な祭りの実態が徐々に変化しているのが現代の特徴である。

そしてBのパターンが「よさこい祭り」であり「ハーゲンショー」である。このような祭りは多い。諸説があるが、江戸時代徳島藩主蜂須賀家政による徳島城築城のお祝いとして城下の人が踊ったという「阿波踊り」もそうである（これまた増殖中の祭りである）。

いずれにしても、神妙なものではなく、熱気が溢れ、観ているものにも感動を呼ぶ元気の出るイベントであることに変わりはない。

祭りが語られる際によく出てくる「伝統」とは、一体何だろう。

パプア・ニューギニアは石器時代そのままの生活が伝統なのだろうか。飲み込まれまいとして危惧している西欧化とは何なのだろう。西欧諸国は植民地の獲得のために武力と宗教を使用した。植民地となった結果、西欧的なものが地域と心の中にまで浸透していった。そして物質崇拝主義とキリスト教がはびこっている。しかし精神的にはまだまだ祖先崇拝やアニミズムが存在しており、キリスト教と並存している。この実態が時がたつとやがて伝統と呼ばれるものになるのではないだろうか。日本にしても日本的と思っている茶道はたかだか三〇〇〜七〇〇年くらい前の室町から江戸時代のものである。また生活に根付いている仏教も一五〇〇年くらい前に中国・朝鮮を経て入ってきたインドの宗教であるし、さらに一万年前の縄文時代となると現代では失われつつある野性的なバイタリティにあふれた文化があったし、伝統とは変わるものである。それは人が変わるからである。一人の人間であっても時と場合によって変わるし、ましてや長い歴史の中では変わらない方がおかしい。日本は大陸からも西欧からも異文化を取り入れ、ものすごく早いスピードで変貌している。パプア・ニューギニアだって西欧化との葛藤の中でさらに変化していくだろうし、それを新たな伝統にすれば良いのではないか。所謂先進国の人々が期待するのは未開の地の野蛮な首狩り族のイメージであろうが、そのようなオリエンタリズム

槍をかざした勇壮な戦士。

は現地の人々には無用である。勿論収入のために観光用にと演技するのは自由だし、現地の人が良ければそれでいいのである。伝統も生きている人間のためにあるのである。その時々、場面場面で良かれとなればそれでいいのである。

祭りも変わる。

変わった祭りもある。

日本の奇祭を紹介した本は多い。中でも異色なものとして、変な祭りを思いっきりくだけて紹介している本がある。「とんまつりＪＡＰＡＮ」である。イラストレーターである「みうらじゅん」が書いている。彼は「とんまな祭り」を「とんまつり」と称して、日本各地の奇祭を訪ねている。結構ケッサクな祭りがあるものだ。

例えば愛媛県越智郡大三島《おおみしま》の大山祇《おおやまずみ》神社の「抜き穂祭り」で行われる一人相撲。「一力山」と呼ばれる実在の人間の力士と「精霊山」と呼ばれる見えない神様の力士との三番勝負である。行司もいる。次は一本目の取り組みのリポートである。

「見合って！　見合って！」

あくまで見合っているつもり。

「のこったぁー　のこったぁー　のこったぁー」

一力山、いきなり精霊山にまわしを掴まれた！(つもり)ぐいぐい土俵際に追い込まれた！

(つもり) おっと！　体を躱《かわ》した！(つもり)「おぉーっ！」、一力山が叫んだ (これは本当)。

しかしまたグイグイと精霊山に押され土俵際！

「のこったぁー　のこったぁー」

妙なイントネーション。

一力山、も一度「おぉーっ！」と叫んで土俵外へ。押し倒しで精霊山の勝ちである。

一瞬、場内は静まり返ったが拍手が巻き起こった。そしてところどころで笑い声。いいぞ！

一人相撲
これほど陽気な相撲は見たことがない。


その他、和歌山県の「笑い祭り」や奈良県の「おんだ祭り」、愛知県の「姫の宮　豊年祭り」、

「田県祭り」、新潟県の「つぶろさし」など、読んでいると思わず赤面しそうな「とんまつり」も紹介されている。いずれも疲労回復に効果抜群のリポートである。

祭りはおもしろい。どんどん元気が出てくる。マウントハーゲンショーはその極致である。身体の中からエネルギーが湧き出てくる。その場にいる観客も一体化してくる。

「わ～お！　わ～お！」

もっともっとマウントハーゲンショーを堪能していたかったが、これが家族旅行（&サラリーマン）の限界。砂煙を上げて予定の時間より若干遅れてきたバスに乗り込む。

「いつの間にこんなに？」

というくらいの人だかりを窓越しに見ながら、私たちにとっての夏の最大イベント「マウントハーゲンショー」はおしまいとなる。

9　子供たちにとってのパプア・ニューギニア

パプア・ニューギニア最後の日は、マウントハーゲンから関空までの旅程である。夜にはもう日本の家に帰っている訳だから、交通の便利さに改めて驚く。

マイクロバスで空港に着き、搭乗を待つ。日本人の団体観光客もいる。日本画でパプア・ニューギニアを描いておられる画家の山田正巳氏のご家族も同便のようだ。すらーっと背の高い姿が見える。夫人で作家の山田真美氏もおられる。それにしても八時三〇分発の飛行機の搭乗が始まらない。おかしいなあ、と思ってガイドに聞くと、どうやら停電で遅れているようなのである。しかも空港だけの停電でなく、町中が停電のようだ。近くのスーパーに行ってみたが、電話も通じない。ポートモレスビーでお昼にお会いする予定のボブさん、三宅さんに連絡を取りたいのだが、なんともならない。果たして関空への乗り継ぎ便に間に合うのだろうか。そして無事に日本にたどり着けるのであろうか。しかしいらいらしても始まらない。町は平然と「通常」が流れている。

待合室に戻ると、やがてカウンターの前で係員が乗客を集めて説明をしだした。現地人と我々外国人の乗客たちは一体これからどうなるのだろうと聞き耳を立てる。話が始まる。

「停電の影響で八時三〇分発の飛行機が来なくなった。次の便は一〇時二〇分になるが、残念ながら全員は乗れない。これから乗る人たちの中には、オーストラリアに行く人や、日本の関西空港に行く人などがいる。これらの国際線の乗客を優先したい。残念ながら国内線の人は乗れない人が出てくるが承知してほしい」

演説のような堂々とした話ぶりである。内容が内容だけに近くにいたガイドに確認するが、どうもそういうことらしい。しかし現地人は誰も文句を言うわけでもなく、三々五々散らばっていく。

やがて、ガイドが我々を先導し、カウンターの奥へと連れて行く。鈴木夫妻にも事情を話し一緒に進む。待合室にはまだ多くの人が残っている。これが「優先」なのである。大変助かったが、現地の人には申し訳ない気持ちだ。結局、フッカーF28‐1000は、一一時三〇分に山あいのカガムガ空港を離陸した。

ポートモレスビーではボブさん一家が出迎えに来てくれていた。しかし、乗り換えまでの時間がわずかとなってしまったため、ご自宅へご訪問することができず、国際線待合室でお話しする。ボブさんは、家主さんが急死されたとのことで、悲しそうにされておられる。ボブさんの飲み友達であったようだ（そういえばよくトコトン飲まれたとの話を聞いたことがある）。娯楽の少ないこの国では人と人とのつながりの重要度が特に高い。寂しさもなおさらのようだ。中学三年生になった息子さんが凛々しい。関西弁が上手い。

残念ながら搭乗が迫ってきたので、皆さんとお別れする。子供たちはニコニコである。モンキーバナナとジュースの差し入れをいただく。

「し〜ゆ〜！」

一三時三〇分、出国審査室で手を振って別れる。

と、イミグレーションカードに記入するのを忘れていた。あっ、両替をするのも……。キナは日本では両替できない。

急いで両替所に行くが、人が二人ほど並んでいる。係員はたぶんテキパキとやっているのだろうが、どうもゆっくりに見える。時間が迫っている。いらいらいらいら……。何とか両替が終わるが、コインが多く残ってしまっている。使い切ってしまわねば。これまたダッシュで売店に行

搭乗前（ジャクソン国際空港）。

き、小物のお土産を買う。

やっとのことで、手続きをし、搭乗する。ほとんど最後の客である。

「セ〜フ！」

やるべきことは先ず最初に済ませておくべきであった。

『何事もアクティブに……。そして優先順位をつけて……』


一四時四〇分、離陸。

先程いただいたバナナとジュースを昼食にする。

と、やがて食事が運ばれてくる。立派なステーキである。これは昼食なのだろうか、それとも夕食なのだろうか。昼食ならセーブしておかないと夕食が食べれないし……。そんな思い以前に子供たちは既にがぶついている。この天真爛漫さには救われる。


ゆっくりとした時間もあり、親として子供たちにどんな人になってもらいたいと思っているのだろうか。改めて考えてみる。

子供たちには是非
「生きてて良かった」

という楽しい人生を自ら創って過ごしていける人間になってほしいと思う。これが親の願いである。しかし子供たちの行く末は大変である。社会・経済の激変に立ち向かっていかなければならない。

いつの時代もそうであろうが、今後も益々生きていくことは大変である。かけがえのない人生を満足して過ごしていくためには、「生きる力」つまりいつも自らが前向きに事に当たれるという強い意志をもっていること（「タフ」であること）が大事である。昔のテレビCMではないが、「ワンパクでもいい、たくましく育ってほしい」である。勿論その「生きる力」には、しゃかりきに突き進むというイメージがあるが、ゆっくりするという選択肢も含まれる。そうしたらどうしたら「生きる力」を得られるか!?

その「生きる力」は、「多様性を認め、その中で生きていくこと」によって築き上げられると思う。そして多様性を認め、共生するためには、「しっかりとした個性」と「他者への思いやり」を持つことが必要である。「しっかりとした個性」は「好奇心」と「創造力」を発揮して、得意技をつくり、自信を持つことから生まれ、「他者への思いやり」は色々な人の中で揉まれることによって磨かれると思う。

「しっかりとした個性」は、子供たちが彼らの感性で自由に物事を吸収していき、自分ならではのものを創り出し、やがて個性として確立していく…と、このような過程になるのではないか。したがってその道具である「好奇心」「創造力」が遺憾なく発揮されるかどうかが重要になってくると思う。
子供は本来創造性、感受性の高い生き物である。しかし最近の子供をめぐる状況は、それらの感性に逆風が吹いている。日本では、六〇年代高度経済成長政策に沿って「日本株式会社」に見合った「均一な」人材育成がなされた。「記憶力、頭の回転の速さ、がまん強さの能力」しか計れない（太田政男氏）偏差値教育が追い討ちをかけ、子供の創造性、感受性が、このようなある一時期に適した閉塞感のあるシステムへ反抗することにも発揮されてしまっている（斉藤茂男氏）。「ゆとり教育」も実施されているが、「記憶力、頭の回転の速さ、がまん強さの能力」教育ではなく、かといって「ゆたっと」教育でもない「智恵」教育がますます求められていくだろう。

また「生きる力」を得るためのもうひとつの要件は「他人への思いやり」だと思う。誰もが人との関係の中で生きている以上、不可欠の要素である。そしてその源泉は他人の痛みが分かる「優しさ」である。もっと突き詰めると命の大切さを知ることかも知れない。聖路加国際病院理事長の日野原重明は、

「死を語る〝死の準備教育〟を子供たちに」

と提唱しているが、彼はまた幼い子供を葬式や通夜に連れて行き、死が何であるのかを教えるのが大人の役目であるとも語っている（日野原重明『生き方上手』ユーリーグ）。もっとも自らの痛みが分かる経験をすることが一番だが、万事を経験できる訳ではない。相手の立場を如何に想像できるか、また想像しようと努力するかにかかっていると思う。親としてはそのようなサポート

が出来ればと思う。同時に他人のためになることは結局自分のためになるということも身に付けてほしいと思う。

そして「他人への思いやり」をスムーズに橋渡しするための「他者とのコミュニケーション能力」は、ビジネスの世界では今後更に重要になってくる。日本経済成長の枠組み自体が、大きく変貌しようとしているからである。過去の成功物語が通用しなくなり、新たに売れるビジネスモデルを創り出していかなければならなくなってくる。そのためには言われたことを精度良くするだけでは駄目で、創意工夫とそれを実行する勇気とを加味する必要がある。

特に海外との関係では中国を中心として広範囲な接触が増えてくる。海外進出だけでなく、日産自動車のカルロス・ゴーン社長のように国内でも外国人の上司が多くなってくるだろう。今後ますます考え方や生活様式の違う人たちと関わっていくことになってくる。自分の存在価値をもっとアピールしなければならなくなる。「他人への思いやり」と「他者とのコミュニケーション能力」が重要さを増してくる。

そして「他人への思いやり」や「他者とのコミュニケーション能力」はやはり色々な人の中で揉まれることによって磨かれると思う。ただ、小さいうちは無理だろうが、親としてはそのような態度・考え方をもてるような「くせ」を付けてあげることが重要ではないかと思う。そこで幼少期に「多様性」が良いことだということを教えておくことは、子供たちの将来の生活に大きく役立つのではないかと思う。ふところを大きくすることは、一面的ではなく多面的に物事に対処しやすくなるということでもある。そうなると、思い詰めることがない、いろいろな手が打てる、苦しい中でも楽しみが増える等々、道を開ける糸口が出来やすくなるものと思う。

我が家でも、息子の言葉が遅くカウンセリングに行くなど色々な悩みがあったが、週末に「おんも」に連れ出すことが突破口になった。地下鉄の駅や路線名そして漢字を憶えだし、兄弟ども好奇心が急回転しだした。徐々に得意技が増え、自信がついてきたことが大きい。

また、親の我々は男・女と異性の兄弟であったため、同性の兄弟というものがどのようなものか理解できなかったが、今のところ相乗効果を出していると思う。ともかく両者とも、多様性についていける入口まで来たようである。あとはもっと他人をおもんぱかることができるようになればと思う。

兎に角、我が家は「おんも」に出ることで急展開した。

もともと川口家は旅行が大好きである。私のじいちゃん（明治二七年生まれ）はまだ旅行が一般的ではなかったころに良く出掛けていた。親父（昭和五年生まれ）も暇さえあれば旅行に行っていた。私も小さい頃、良く連れて行ってもらったものである。実は小さい頃は、外に出るのが嫌で家にいるのが好きだったのだが、連れ出してもらったおかげで旅に出ることの抵抗感はなくなった。小学校の時は、万国博覧会への一人旅、中学時代は蒸気機関車の撮影旅行、高校時代には写真部の旅行とユースホステルを利用しての旅行、大学時代には、全都道府県を回った上で初の海外・北米大陸への一人旅……。旅がどんどん進化していった。社会人になっても懲りないで、関釜フェリーに乗っての韓国旅行、現地人の家に泊まったモロッコ旅行、ポンポン船で回遊したアマゾン旅行、オールナイトのレゲエコンサートから帰れずヒヤヒヤしたジャマイカ旅行、そしてインパクトの大きかったパプア・ニューギニア一人旅……と旅は続く。

おふくろも婦人会でしょっちゅう旅行をしているし、妹も旅行の帰りがけに

「次はどこへ行こか」

と考えている。

旅自体がＤＮＡに組み込まれているかのようだ。

旅をすることによって、色々な世界を知った。

旅をすることによって、人の情けを知った。

旅をすることによって、鍛えられた。

家族の皆んなを連れて行くのは、今まで親がしてくれたことの「代送り」であり、そんな経験

を皆んなにもしてほしいということである（勿論出費は痛いが、我が家では家よりも車よりも優先順位が高い）。そんな子供たちの旅の開幕に、ありきたりでない国パプア・ニューギニアは印象的ではないか。いきなりパプアでブレイクスルーもいいのではないか。

てなことで、子供たちの最初の海外旅行に、パパの最も思い入れの強いパプア・ニューギニアにしたのである。

親としては、パプア・ニューギニアに連れて行ったことで、次のようなメリットがあったのではないかと考えている。

先ずは日本と違うことから感じ取るものがあったということ。

息子たちに

「日本とパプアとどこが違うかなあ」

と尋ねると、

「信号がない」

「道路のまんなかに線がない」

「電車がない」

「食べ物がちがう……。日本のキュウリ小さい。パプアは大きい。チーズがしょっぱい。らんぷたん（ランプータンのこと）が日本にない」

「肌の色がちがう。日本、ハダイロ。パプア、クロだから」

「えいごと日本ごとちがう」

ということが返ってきた。流石に交通関係に関心があるようだ。恐らくマダンやウェワクの印象だろうが、確かに道路に中心線はない。たぶん消えたのだと思うが、日本なら消える前に引き直しているであろう。言われるまで親は気づかなかった。

しかしながら何よりも良かったのは子供たちが「肌の色が違う」「クロの」人たちと違和感なく接することが出来たことであろう。明治政府が仕掛けた西洋崇拝は根強い。我々大人は「外国人は白人が一番」という固定観念に縛られている。しかし、子供たちが最初から「クロの」人たちの中に入り込めたことではそのような呪縛から彼らは解き放たれるかもしれない。こんなことが頭で理解するのではなく体感できたことが貴重であると思う。

次にインパクトを与えたのが「英語」である。パパが現地の人と何やらお話をしている。特に車の助手席でドライバーと良く話している。でも何を言っているのか判らない。なんか楽しそうなのに……。知りたい。このような気持ちになったようだ。

「またパパ、うんてんしゅさんとはなしているよ。すごいね」

大した内容ではないのに、久々に得点をゲットした……。

また息子たちが店の人たちに、「さんきゅー！」とか「しーゆー！」とか話すと、相手はニコニコして応答してくれる。通じた！と嬉しく思ったようである。

「えいごをならいたい！」

息子たちは二人して言い出した。遊び感覚の幼児用の英語教材を買ってはいたが、さてどこかに習いに行かせたものかどうか思案中である。ついでに言うとママも英語に乗り気になってきた。

「やっぱり会話ができるとたのしいよね～」

親としては英語をきっかけに是非日本語にも興味を持って欲しいと思う。奥の深い漢字が読み書き出来るようになるとこれまた世界が拡がる。「違いが分かる」ということは、結局「自分が分かる」ということに辿り着くのであろう。

次に自然なもの、素朴なものが体感出来たのではないかと思う。

野生の動植物、珊瑚の海、出会った人々、それぞれが自然で素朴であった。マウントハーゲンショーも一見派手であるが、個々の踊り手は肌を露わにし、腹の底から声を出し、素足で大地を踏みしめてと、よく見るとこれこそ素朴の極致である。

九州大学健康科学センターの藤野武彦教授によると、最近の子供たちと若者は疲れているが、それは筋肉疲労ではなく脳の疲労（「脳疲労」）であり、その原因は知的情報（ストレス）過多であると指摘している。そのメカニズムは、知的中枢である「大脳新皮質」と情動、本能などの中枢である「大脳旧皮質」は「外からの知的情報」と「内からの情動、本能情報」を相互交流させて自律神経や食欲を司る「間脳」に伝えているが、「外からの知的情報」が増えすぎると「大脳新皮質」から「大脳旧皮質」へと情報の流れが一方通行になり、バランスが崩れることにより、脳機能が低下し、更に間脳が不安定な状態になり、精神的・身体的に異常をきたすことになるということである。彼は、

「教育は何かを与えるものではなく、引き出すものだ」と言っているが、それでも改善のために何かを与えるとすると「基本的な知恵（階層化された知識）」であるといい、キーワード的に次のように述べている。

子供の目線から見るとシンシンは更に迫力がある。

目に見える世界と目に見えない世界、合理と非合理の一体性を伝えること。それも言葉で抽象的に教えるのではなく、具体的な事象（自然とくに植物、動物そして食べ物）を通じて子供たちに感じてもらうことであろう。また、他者の痛みと喜びを共感する機会を与えることであろう。言い換えれば『関係性』の認識、結ばれる実感を持つことである。

パプア・ニューギニアでの旅行で子供たちは随分世界を体感したことと思う。親にとっては博物館も良かったが、やはり全体としては「体感をする旅」であったと思う。「脳疲労」に効果があるとまでは全く考えていなかったが、所謂「情操教育」にはなったのではないかと思っている。勉強ができても、友達が出来ないようだと駄目だし、試験問題が解けても、音楽を楽しめないと駄目だ。現実の人間社会では、理性よりも先ず「情」がベースになっているからである。

そしてパプア・ニューギニアというこだわりの国に行けたということ。

一九九九年に観光等で海外へ渡航した日本人の総数は、約一三四五万人であり（一〇人に一人以上だ）、国別には、アメリカが約四一七万人（約三一％、但し北マリアナ諸島を除く）、韓国が約一八七万人（約一四％）、中国約一三三万人（約一〇％、但し香港を含む）、タイ約六九万人（約五％）、オーストラリア約六二万人（約五％）、台湾約五一万人（約四％）の順となっており、これらの国々だけで全渡航者の七割近くを占めている（総務省、統計研究所編『世界の統計』財務省印刷局）。一方パプア・ニューギニアへの渡航者数は年間約三〇〇〇人であり、桁が違う。隣国のオーストラリアの約二〇〇分の一、インドネシアの約一〇〇分の一である。遠く離れたアフリカのケニアの半分以下である。あまりに日本人が訪れていないのが判る。親の因果とはいえ、いきなりパプア・ニューギニアとは良い突破口ではないだろうか。また、これだけ訪れる人たちが少ないことから、旅でご一緒した人たちとは仲良くなるケースが多い。また来られる人は、何か「こだわり」「思い入れ」を持った人が多いと感じる。一見取っつきにくいパプア・ニューギニアにわざわざ行こうと思うわけだから、そこに特別の思いがあるようだ。実は太平洋戦争中には一六万人もの兵士が東部ニューギニアに派兵されていた（うち実に約一五万もの人が亡くなっておられる）。そのすさまじい数の戦死者故、今でも慰霊の方の訪問が絶えない。そして慰霊団の人数は約一二〇〇人にのぼり、何と全渡航者数の約四〇％を占めている。それらの方々は勿論であるが、その他一般の人でも何か「こだわり」「思い入れ」を持った人が多いように感じる。最近はダイバーとトレッカーが急増している。これらの方々も「こだわり」派である。

実際、親が思うように子供たちが感じ取ってくれるかどうかは判らないが、「こだわり」と「思い入れ」を身体のどこかに染み込ませてくれれば幸いだと思っている。また海外旅行などの話が出るごとに子供たちが最初の海外旅行でパプアに行ったということを思い出して、一味違った旅をして自分自身を大きくしようと思ってもらえると有難い。そしてこの二回の小旅行がその原点になれば、パプア・ニューギニアに感謝、感謝である。

一九時四五分、エアバスＡ３１０‐１００は無事関西空港に到着する。茨城県へ帰られるハネムーナー鈴木夫妻とお別れをする。今日中にはたどり着けないということで、どこかでもう一泊されるようだ。

我々の旅行は、深夜の移動等かなりハードな日程であり、また寒暖の激しい気候でもあったため、子供たちもさぞかし「揉まれた」ことと思う。


「おなかへった〜!」

我々は空港のレストランで夕食をとることにする。機内で出たステーキは結局夕食でなく昼食であったためだ。兎も角食欲のあることは良いことだ。うどん、すし、おにぎり……。おかげで久しぶりの日本食にありつけ、ママはご満悦である。

子供たちは? 無心にパクついているようだが、やがて何やら叫びだした。

「パパ〜」

「なに〜?」

「パパ〜、またぁ、パプアいきたい!!」

「またパプア!?」

おっとっと、強靭なＤＮＡが早くも活動を開始したようである。

II

日本の中のパプア・ニューギニア

パプア・ニューギニアへは毎週定期便が飛ぶようになり随分便利になったが、もっと便利なパプア・ニューギニアが日本にはある。意外とあるという感じである。それらの知りうる限りをご紹介したいと思う。なお、企画展等の関係でパプア・ニューギニアの展示が一時的に見られなくなることもある。また、開館日が変更されることもあるので、来館前には必ず電話等で確認することが必要である。

美術・工芸品・生活用具全般の関係では次のものがある。

まずは日本で最も多くのパプア・ニューギニア芸術品の蒐集がなされている今泉コレクションから紹介したい。今泉コレクションは八〇〇〇点以上に及んでいる。今泉氏の依頼を受けた大橋昭夫氏（オセアニア民族美術研究者。㈱パシフィック・アーツ代表で一九八〇年よりパプア・ニューギニア美術工芸品買付指定業者）が長年に亘って蒐集したものである。これらのコレクションは塩沢町立今泉博物館、薬照寺、鶴ヶ島市今泉コレクションに大切に保存されており、関越自動車道を利用すれば手軽に訪問ができる。なお、今泉隆平氏（一九〇八〜九七年）は石打村（現塩沢町）の最後の村長として町村合併等に活躍され、その後埼玉県所沢市に移住され牧場開拓等をされた塩沢町の名誉町民である。

●塩沢町立　今泉博物館（www.imahaku.jp）

魚沼産コシヒカリで有名な塩沢町にある。同町出身の今泉氏の寄付金により建設され平成二年にオープンした町立の博物館。当博物館はその今泉氏より寄贈されたパプア・ニューギニアのコレクションを約六五〇〇点所蔵しており、全国一の規模を誇る。但し常設展示されているのはそのうち約二〇〇点である。しかしこの二〇〇点だけでも充分にセピックアートの素晴らしさを満喫できる。コレクションはセピック地方の文化遺産を中心に神像、カヌー、石斧、器、土器、魔除け、鉤、装飾品、盾、仮面、腰掛け等々が五つのコーナーに分けられて展示されてい

ジグソーパズル　塩沢町立今泉美術館の売店で販売されている。「パプアニューギニアの精霊」というジグソーパズルで、300ピースを組み合わせていくと26×38センチのパネルに仕上る。結構いかつい顔の精霊たちが大勢現れてくる。

る。特に詳しい説明はないが、兎に角これらの作品に向かい合って彼らの創造力の凄さを体感すると良いのではないかと思う。

またこの博物館は「世界の人形」「世界の仮面」「現代日本の版画」という常設展もある（企画展も随時行われている）。この「世界の仮面」はこちらも塩沢町出身の太田南沼氏（一九〇三〜八九年）の寄贈によるもので、太田氏が世界約一六〇ヶ国を旅行し直接蒐集したものである。パプア・ニューギニアは世界有数の仮面地帯であるのでこのコーナーにもパプア・ニューギニアのユニークな仮面の展示がある。

【住所】新潟県南魚沼郡塩沢町下一日市八五五
【交通】ＪＲ上越線石打駅下車、車で五分または上越新幹線越後湯沢駅より車で一二分
【電話】〇二五 - 七八三 - 四五〇〇

●薬照寺

今泉博物館までたずねる機会があれば近くなので是非足を延ばしたい真言宗のお寺。このお寺は樹齢二〇〇〇年にもなる日本一の桂の大樹（天然記念物）や太平洋戦争後、ビルマ（現ミャンマー）の首相が亡命し身を潜めていた所としても有名だが、僅かではあるがパプア・ニューギニアの小品も展示されている。

宝物殿に、儀礼用の石斧、貝貨(キナシェル)、戦闘用の護符、婚資(タリプン)、犬歯の胸飾り等々がささやかに並べられている。そして本堂の廊下には儀礼用に彫刻が施されたパプア・ニューギニアのカヌーが置かれている。またこの宝物殿のその他の展示が凄い。藤田嗣治、梅原龍三郎、岸田劉生などの絵画や豊臣秀吉や伊達正宗、松尾芭蕉などの掛け軸もある。ビッグネームがオンパレードである。そして杉山寧の

魚の日本画(「磯魚」「鮒」)が飾られている下のケースにパプア・ニューギニアの装飾品などが展示されていたり、掛け軸の向かいはチベットの仏具があったりとユニークな空間である。この寺は今泉氏の菩提寺であるため、これらのコレクションも氏の寄贈による。意外な宝物にびっくりしてしまうお寺である。

【住所】新潟県南魚沼郡塩沢町大字君沢八五一
【交通】ＪＲ上越線石打駅下車、車で五分または上越新幹線越後湯沢駅より車で一二分
【電話】〇二五七-八三-二五一〇

●鶴ヶ島市コレクション (E-mail : s1tsuru@shogaigakusyu.pref.saitama.jp)

埼玉県の鶴ヶ島市には、故今泉隆平氏より一九九五年と一九九六年に「教育と文化の向上に役

（撮影　鶴ヶ島市教育委員会）

立てて欲しい」と寄贈された一七二五点ものパプア・ニューギニアを中心とするオセアニア地域の民族資料が保管されている。ただこれらを専門に展示する施設がないため、現在は小学校の余裕校舎に保管されている。一般公開は不定期で「南の精霊展」等の企画に限られているが、市教育委員会に連絡のうえ見学が可能である（このような状況にも拘わらず、実際に国内外の多くの研究者が訪れている）。市ではこれらの作品を、より豊かなイメージを紡いでもらいたいと「オセアニア民族造形美術品」と呼称するとともに「自然と人の共生を象徴する文化遺産」と位置づけて、学校教育の分野や展示会、講演会等で活用に取り組んでいる。二〇〇〇年には渋谷の「たばこと塩の博物館」においてこれらの作品が今泉博物館と共同で初めて大々的に公開された（「パプアニューギニアの民族のかたち　くらしの中の神々」たばこと塩の博物館・ミティラー博物館主催）。また、二〇〇二年一〇月から三ヶ月間に渡って行われた「川崎市岡本太郎美術館」の企画展「美の呪力　ニューギニアの姿・かたち」では、実に三〇〇点もの作品が出展され、多くの反響を呼んだ。

ところで、ここには市の活動に共鳴しサポートするボランティア団体に「ポリトライブ(Polytribe)」というサークルがある（「たくさんの部族＝複合部族」の意）。メンバーの構成は二〇代から七〇代までと幅があり生活の背景も様々だが、作品の求心力によって、定期的な活動をつづけている。親子を対象とした「仮面づくり」や竹を使った「楽器作り」を主催したり、小学校の総合的学習の時間や図画工作の学習支援、展示会のサポート、市内外への広報活動などを行っている。先の「たばこと塩の博物館」で特別展示を行った際には、水木しげる氏を当館に招聘している。なお、メンバーは随時受け付けていて、鶴ヶ島市在住以外の方でもＯＫとのこと。

（撮影　鶴ヶ島市教育委員会）

また、鶴ヶ島市は埼玉県のほぼ中央に位置するベッドタウンで川越市、坂戸市等に隣接している。平成三年に市になったばかり。人口は六万七六三八人（平成一四年六月一日）で、平均年齢が三八歳と若い。また四年に一度行われる「脚折《すねおり》雨乞行事」（移住してしまった雷や雨をつかさどる大蛇を呼び戻し、雨乞いをする勇壮な祭り）が有名である。

【住所】埼玉県鶴ヶ島市大字鶴ヶ丘三五八‐一　鶴ヶ島市立鶴ヶ島第二小学校南校舎一階

【交通】東武東上線鶴ヶ島駅下車徒歩一五分

【電話】〇四九‐二七一‐一一一一（社会教育課）

★「ポリトライブ」問合先

埼玉県鶴ヶ島市教育委員会　〒三五〇‐二二九二　埼玉県鶴ヶ島市大字三ツ木一六‐一

電話　〇四九‐二七一‐一一一一　ＦＡＸ　〇四九‐二七一‐四二八〇

Ｅ‐mail：s1tsuru@shogaigakusyu.pref.saitama.jp

●野外民族博物館リトルワールド（www.meitetsu.co.jp/little/）

世界七〇ヶ国から蒐集した四万点の資料の内、常時約六〇〇〇点を展示している本格的な民族博物館。昭和五八年（一九八三年）に開館した。屋内の本館と野外の世界の民家の展示とに大きく分かれている。パプア・ニューギニア関係の展示は、本館でなされている。本館の展示は、「人のはじまり―進化」「生きるための工夫―技術」「ことばの世界―言語」「人のつながり―社会」「こころの宇宙―価値」の五つのテーマに分かれており、「技術」「社会」「価値」の三つの部屋でパプア・ニューギニアの神像や民具等が陳列されている。とりわけ最後の「価値」の部屋（大ホール）は迫力がありピカイチである。そしてその中心を占める「神々のかたち」のコーナーにあるセピックの芸術品は他にも増しての存在感がある。

また、各部屋にはいくつかのテレビが置かれていて、パプア・ニューギニアの貴重な映像を見ることができる（パプア・ニューギニアだけでも一四の映像がある）。「マプリックのヤムイモまつり」での装飾された巨大なイモの映像は珍しく、「ワニの成人式」での子供が剃刀で肌を切られるというイニシエーションの場面はショッキングだが、最も印象に残るのは「技術」のコーナーにある「ミン族のペニスケース」の映像。彼らにとってパンツの代わりとなるペニスケースの制作の場面も珍しいが、完成後に彼らが喜びを表わすために踊るシーンは圧巻である（このシーンは一九六八年に歩いて中央山脈を縦走した日本テレビの「東ニューギニア縦断隊」によって記録されたものの一部である。因みにこの「東ニューギニア縦断記」という記録はサンフランシスコ

国際映画祭最高賞を受賞している）。これらの映像は展示品の実際の使用状況を知ることができると共に、展示品の背景にある人間の生活を深く知ることができるため大変効果的である。

【住所】愛知県犬山市今井成沢九〇‐四八
【交通】名鉄犬山駅からバスで二〇分
【電話】〇五六八‐六二‐五六一一

●南山大学人類学博物館（沼沢記念博物館）（www.ic.nanzan-u.ac.jp/MUSEUM/）

昭和二四年（一九四九年）に南山大学人類学研究所の陳列室として発足した博物館。学生を対象とした学芸員養成と人類学の勉強のための資料館であるが、昭和五四年（一九七九年）より一般公開をしている。大きく四つの展示室から成り、パプア・ニューギニア関係は第三展示室を占める「タイ・ニューギニア」のコーナーで常設されている。

ここには約六〇〇点の収蔵物があるが、その大半は南山大学の人類学研究所に赴任された故ヘンリー・アウフェナンガー神父（一九〇五〜一九八〇年）のコレクションであり、その他は昭和三九〜四〇年（一九六四〜一九六五年）に当大学で行われた「東ニューギニア高山地帯学術調査団」による蒐集が主である。祖霊像や仮面、頭蓋彫刻、楽器、武器、装身具、

生活用品、農耕具、漁具、アウトリガーカヌーその他が所狭しと展示されている。樹皮でできた雨合羽や団扇、様々な木製の枕、腰蓑や波乗り板、ガラガラの楽器などの珍しいものも見ることができる。また当博物館には、旧石器時代から縄文、弥生、古墳時代の考古資料や様々な寄贈による世界各地の小コレクションそして日本のひと昔前の生活用品などが展示されている。

【住所】名古屋市昭和区山里町一八　南山大学内
【交通】地下鉄鶴舞線いりなか駅から徒歩で一五分
【電話】〇五二‐八三二‐三一一一

●観峰館（www.nihon-shuji.or.jp/kampo/）

習字の通信教育の先駆者である原田観峰氏（(財)日本習字教育財団創設者、一九一一～一九九五年）が四〇年に亘って蒐集した二〇万点に及ぶ書道関係の資料や世界の民族資料を展示している博物館。「書道文化と世界を学ぶ博物館」がテーマ。平成七年一〇月に完成し、展望台付きで六階建ての「本館」、中国建築の「書院」、巨大なオブジェが露出した「民族館」等のユニークな建築物群から成っている。パプア・ニューギニア関係は「民族館」にあり、収蔵品約二〇〇点のうち約九〇点を展示している。約半数が仮面であり、次いで祖霊像が多い。ラム川の仮面や籐で作

られた豚の置物それに巨大なハウスタンバラン（精霊の家）の巨大な柱など珍しいものがある。では何故、習字がパプア・ニューギニアと関連するのか？　当館の学芸員の方の話ではおそらく次の様ではないかとのことである。観峰氏は中国の漢字を調べたことをきっかけとして、世界の文字の資料を集めだした。しかしそのうちにアフリカやオセアニアなど文字のない文化があることに気づく。では彼らは一体どのようにして文化を伝えているのだろう？　それは、祭りや儀式そしてそれらに関係する神像や仮面、民具でなされていることに気づく。したがって文字の代用品である祖霊像等を蒐集することになっていった……。また同館にはアフリカやメキシコの神像や仮面も数多くあり、パプア・ニューギニアとの比較ができる。ヨーロッパのアンティーク家具の展示もある。

なお、観峰館のある五個荘町は近江商人発祥の地の一つ。古い商人屋敷の町並みや「近江商人博物館」などの施設もあり、丸紅や伊藤忠商事の基礎を築いた伊藤忠兵衛、高島屋の飯田新七、「ふとんの西川」の西川甚五郎他の創始者が何故輩出されたかの一端を知ることができる。また大きな神輿の祭りで有名な大城神社も普段は静かで趣がある。その境内は「入れば心優しくなれる」と言われている。

【住所】 滋賀県神崎郡五個荘町竜田一三六
【交通】 ＪＲびわこ線能登川駅から車で約一〇分または近江鉄道本線五個荘駅から徒歩で約一〇分
【電話】 〇七四八‐四八‐四一四一

テレフォンカード
観峰館の売店で販売されている。舌を出した仮面のテレカ。

●天理参考館（www.tenri-u.ac.jp/sankokan）

天理教の海外布教の一助にと昭和五年（一九三〇年）に創設された博物館（当時は「海外事情参考品室」）。海外の人々の心や暮らしぶりを理解するために「新品はできるだけ避けて、人々がいま使っているものを集める」という蒐集方針になっている。その後民族学・考古学の専門博物館としての体裁を整え広く一般に公開されるようになった。平成一三年（二〇〇一年）一一月に現在の建物が完成し、中国、朝鮮半島を中心に集められた約三〇万点の収蔵品の内、約三〇〇〇点を展示している。「世界の生活文化」と「世界の考古美術」の大きく二つのテーマに分けられているが、パプア・ニューギニア関係は「世界の生活文化」の一三のコーナーの内の一つ「精霊たちの森―パプアニューギニア―」で飾られている。当館はパプア・ニューギニアの工芸品を約一〇〇〇点所蔵しているが、展示されているのはそのうち厳選された三〇点のみである。仮面が大半を占めており、コヴァヴェ（豚の霊魂を食べる精霊）の仮面など大型のかぶりものが多い。

その他に、交通関係の展示（切符の収蔵が約二〇万点もある）や日系移民、アイヌ、台湾の少数民族、韓国のチャンスン（長生標、村落の守り神）の展示も珍しい。

また携帯用の音声ガイドを無料で貸し出してくれ、展示コーナー毎で自動的に流れる解説と約八〇点の個々の展示物を自由に選んでの解説が楽しめる。

【住所】奈良県天理市守目堂町二五〇番地
【交通】ＪＲ桜井線・近鉄天理線天理駅から車で約五分または徒歩で約二五分
【電話】〇七四三‐六三‐八四一四

●国立民族学博物館（www.minpaku.ac.jp/）

日本万国博覧会の跡地に設立された日本を代表する民族学（文化人類学）の博物館。昭和四五年（一九七〇年）の万博の際、三万二〇二六個の電球が煌めく「光の木」で人気のあったスイス館やインド館、せんい館、アルジェリア館等のパビリオンが建っていたあたりに位置する。昭和四九年（一九七四年）に創設され昭和五二年（一九七七年）に開館した。「みんぱく」の愛称で呼ばれ、民族学に関する資料の収集、調査・研究と、その成果の展示、公開までを一体的に取り扱っている。つまり「博物館」と「研究所」が合体した施設であり、通常の博物館とは違って基礎研究を振興する大学公共機関の一つである。

日銀総裁で大蔵大臣であった渋沢敬三氏の個人コレクション約二万三〇〇〇点と万博の「テーマ館」に展示するために収集された約二六〇〇点の

寄贈が起点となっている。現在では二四万点が所蔵されており、うち約一万三〇〇〇点だけが館内で展示されている。

展示は、オセアニア、アメリカ、ヨーロッパ、アフリカ、西アジア、南アジア、東南アジア、中央・北アジア、東アジアなどの地域のくくりでまとめられている「地域展示」と音楽や言語などの主題でくくられた「テーマ展示（通文化展示）」からなっており、その地域展示はオセアニアから始まっている。オセアニアの展示は「海の民族」「くらし」「儀礼の世界」「太平洋の先住民」の四つのテーマから構成されており、上記三テーマの大半がパプア・ニューギニアの展示品である。神像、仮面、武器、楽器、装身具、生活用具、魚網、波切板その他、広範囲に亘る展示がなされている。

その他に「ビデオテーク」（ビデオやマルチメディア番組が自由に選択して見ることができるブース）「ものの広場」など情報機器を活用した展示がある。また、入館者は「電子ガイド」と称す携帯端末を一人一台借りることができ、展示物の前で画面にタッチするだけで映像と音声による解説を得ることができる。これは「マルチメディア・オン・ディマンド構想」によって開発された世界初のシステムである。その他、ミュージアム・ショップでは、国立民族学博物館研究報告などが販売されており、パプア・ニューギニア関係の資料を購入することができる。仮面などが販売されている場合もある。

【住所】大阪府吹田市千里万博公園一〇‐一
【交通】大阪モノレール万博記念公園駅下車徒歩一五分
【電話】〇六‐六八七六‐二一五一

●氷上町立 植野記念美術館

（www.town.hikami.hyogo.jp/bijutukan/uenobijutukan.html）

氷上町は兵庫県の中央部に位置し、加古川の上流が南北を貫く人口二万人弱の小さな町。この加古川沿いに花崗岩による総石造りの当美術館がある。毛皮で財をなした当町出身の故植野藤次郎氏（ジャパンエンバ創業者）より寄贈されたコレクションが大半を占めている（建物も寄贈されている）。

約一〇〇〇点の所蔵品があり、中国の陶磁器が多いが、パプア・ニューギニア関係のものが三〇三点ある。しかもその中心は土器で、植野氏がＥＭＢＡ探検隊を組織しパプア・ニューギニアへ派遣して蒐集したものである（一九七八年）。セピック地方の土器が多く、単に生活用品というだけでなく神話や儀礼に端を発する独特の造形を常設で鑑賞できる（ただし大規模な企画展がある場合、パプア・ニューギニアの展示がされない場合もあるので注意）。染色家で南太平洋の土器の専門家であり実際に当館の土器を

（撮影　植野記念美術館）

蒐集された福本繁樹氏が運営委員となっている。

また館長の八木甫瑳子氏は氷上町立東小学校の元校長ほか公職の長を歴任されてきた方であり、元フジタ、パプア・ニューギニア支社長の臼井三訓《みつのり》氏は氏の実弟である。なお、兵庫県芦屋市のエンバ中国近代美術館にあったパプア・ニューギニア関係の所蔵品は平成六年の開館時にすべて当美術館に寄贈されている。友の会の組織もある。

また氷上町は由良川を経て日本海へ、加古川を経て瀬戸内海へと流れる水を分ける中央分水界が通っている。そして当町の分水界は、全国を貫く中央分水界の中でも最も低い高度にあり、仮に水面が一〇〇m上昇すると日本海と瀬戸内海がつながってしまい、本州を分断するという位置にある。この「水分れ」に因んだ公園や資料館も同町にはある。

【住所】兵庫県氷上郡氷上町西中六一五 - 四
【交通】ＪＲ福知山線石生《いそう》駅下車バスまたは車で約一〇分
【電話】〇七九五 - 八二 - 五九四五

●岩崎芳江工芸館 (www2.ocn.ne.jp/~ibu-iwa/art/art.htm)

鹿児島県指宿市の岩崎美術館（指宿いわさきホテルの敷地内にある）に隣接して建っている。

岩崎美術館の創設者岩崎與八郎氏の夫人芳江氏の遺志によって平成一〇年一〇月二八日に開館した。岩崎與八郎氏が七〇年代からオーストラリアでのリゾート開発を行う際に現地で触れたパプア・ニューギニア特にセピック地方の芸術品を展示している。建物の設計が素敵で、入り口になっている岩崎美術館と地下でつながっている通路を抜けると、異文化がいきなり包み込む仕掛けになっている。ディスプレイも上手く、特大のストーリーボードの他、大型の彫刻も効果的に展示されている。なお当工芸館には、海外から里帰りした古薩摩、有田の陶磁器等も展示されている。

（撮影　岩崎芳江工芸館）

また隣の岩崎美術館には、黒田清輝や藤島武二、東郷青児その他の郷土鹿児島出身作家の作品や、マチス、ヴラマンク等の一九世紀以降のフランス絵画が主として常設展示されており見ごたえがある。特にマチスの「ラ・ポエジー」は、アメリカの大富豪ロックフェラーが自宅の暖炉の装飾用として壁画面に描かせたユニークな構図の絵画で、岩崎氏自身が買い求めたものである。黒田清輝など郷土の作家の作品は財閥解体後の戦後の混乱期に買い集められた。

なお岩崎與八郎氏（一九〇二〜一九九三）は鹿児島県大隅町の出身で、バス、タクシー、海運、ホテル、石油販売、保険など約六〇社からなる岩崎グループの創始者。長年鹿児島商工会議所会頭を務めた。また岩崎グループは、二〇〇二年サッカーワールドカップの公式キャンプ地として、前回優勝のフランス代表チームを誘致するなどパワフルな活動を行っている。

【住所】鹿児島県指宿市十二町三七五五
【交通】ＪＲ指宿枕崎線指宿駅下車徒歩二五分、鹿児島交通山川桟橋行き（バス）いわさきホテル下車すぐ
【電話】〇九九三‐二二‐四〇五六

●海洋文化館（www.ocean-park.go.jp/kaiyo/）

一九七五年七月～一九七六年一月まで開催された沖縄国際海洋博覧会の施設で現在も一般公開されている。約一〇〇〇点ある展示物はその海洋博の際に、現地で蒐集したり、寄贈されたものである。南太平洋を中心に海と人間との関わりや海のネットワークの主役である船とそれらの背景にある国々の文化を紹介しているが、メラネシア（特にパプア・ニューギニア）の展示が最も多い。海がテーマだけに輸送船や漁具が多いが、中でもクラ・カヌーとラカトイが珍しい。

パプア・ニューギニアのトロブリアント諸島周辺の島々の住民の間ではお互いの親善を深めるために装飾品の交換を行っている（「クラ」と呼ばれている）。「バギ」と呼ばれる赤い貝で作ったビーズの首飾りが右回りに、「ムワリ」と呼ばれる白い巻貝製の腕輪が左回りに輸送される。クラ・

カヌーは、これらの友情と儀礼のための交換システムに使われる船で、世界で最も美しいカヌーの一つと言われている。船首と船尾の彫刻が特徴的である。

またラカトイは、ポートモレスビー周辺にすむモトゥの人々が交易のために使用していた大型運搬船。実際には一九二五年頃から使用されていないが、海洋文化館に出展するため現地の人々によって新たに建造されたもの。「ラカ」＝船、「トイ」＝三つという意味で、大型の三つのカヌーをベースにして作られている。一艘に三〇人の人々と一五〇〇個の土器を載せ、三〇艘の大船団を組んで、パプア湾の対岸のガルフ地方の食糧（サゴヤシ、タロイモ、バナナ等）と交換した迫力のある船である。

その他の展示ケースは、伝統芸術や生活用具がコンパクトに収納されていたり、近づくと自動

的に音声によるガイドが始まったりと、大変判りやすくなっている。またイントロダクションの映像や船の横に置かれているビデオも展示品の理解に役立つ。

伊江島を洋上に望む海洋博公園にはその他に、沖縄美ら海《ちゅらうみ》水族館、熱帯ドリームセンター、おきなわ郷土村、エメラルドビーチ等の施設があり、約七〇万㎡もある広大な園内は電気遊覧車で結ばれている。

【住所】沖縄県国頭郡本部町字石川四二四番地　海洋博公園内

【交通】名護バスターミナルから車で約三〇分または路線バスで約五〇分（名護市までは那覇市内から高速バスで約一時間四〇分）

【電話】〇九八〇-四八-三一四〇（国営沖縄記念公園事務所）
〇九八〇-四八-二七四一（（財）海洋博覧会記念公園管理財団）

なお、この他にも所蔵はしているが一般公開していないところもある（おかざき世界子供博物館、滋賀県立陶芸の森、京都市立芸術大学資料館等）。企画展がある場合は、見ることができるかも知れないので、随時問い合わせが肝要である。

●太鼓館（www.tctv.ne.jp/members/taikokan/）

楽器関係に限ると次のようなところでパプア・ニューギニアに逢うことができる。

浅草にある世界の太鼓の資料館。文久元年（一八六一年）創業という太鼓・神輿・祭礼具の製造販売会社の老舗、宮本卯之助商店が世界各国から蒐集した太鼓と参考図書・資料を厳選して展示したもの。昭和六三年（一九八八年）に開館したが、太鼓だけの展示館は当館が初めてである。アジア、アフリカ、アメリカ、ヨーロッパ等世界各地から約六〇〇点を蒐集しているが常時展示しているのはそのうち約一八〇点である。そして文献図書や視聴覚資料もそれぞれ約三〇〇〇点を所蔵している。

パプア・ニューギニアの関係では、約三〇点の所蔵物があるが、常時展示しているのはそのうち七～八点程度である。ウォータードラム（水太鼓）やクンドゥドラム（片面張りの手持ち太鼓）、ガラムート（割れ目太鼓）、スタンピングドラム（蓋太鼓）が展示されており間近に見ることができる。特にゴゴタラ族が使用しているワニの形をしたクンドゥドラム「ディワカ」「トウムトウ」はデザイン的にも優れており、必見である。

また当館ではさらに太鼓を身近に感じてもらうため、いくつかの楽器は実際に触ったり、叩いたりすることができるようにしており（残念ながらパプア・ニューギニア関係は見るだけである）、ワークショップや講演会、演奏会も行っている。因みに、障害児教育の中での音楽療法において和太鼓による音楽セラピーが注目されているようで、当

館では養護学校の生徒の方々にも多数利用されているとのことである。
【住所】東京都台東区浅草二‐一‐一　宮本卯之助商店西浅草ビル四階
【交通】営団地下鉄銀座線田原町駅徒歩二分、都営浅草線浅草駅徒歩六分
【電話】〇三‐三八四二‐五六二二

●武蔵野音楽大学楽器博物館（www.musashino-music.ac.jp/I/I-3.html）

音楽文化発展の基礎とするために昭和四二年（一九六七年）に開設された楽器博物館。昭和二八年（一九五三年）に故福井直弘前学長がドイツから一個のヴィオラ・ダモーレを持ち帰ったのを機に、楽器蒐集が行われた。のちに邦楽器研究家である故水野佐平氏より邦楽器のコレクションの寄贈を受け、従来の楽器資料室から楽器博物館と改組された。現在は五〇〇〇点に及ぶ収蔵品がある。江古田、入間キャンパスに楽器博物館が、多摩キャンパス（パルソナス多摩）に楽器展示室が開設されている。

パプア・ニューギニア関係の楽器は、江古田キャンパスの楽器博物館にある。当博物館は三階建ての建物の各部屋に展示がなされており、一階が鍵盤楽器、二階がヨーロッパの楽器、三階が世界の民族楽器と分類されて

いる。パプア・ニューギニア関係の楽器は三階の「中南米オセアニア」の部屋にある。木製ラッパやウォーホルン、笛や太鼓、うなり木など三〇点以上が展示されているが、圧巻は巨大なウォータードラム（水太鼓）である。高さ二メートル以上のこの彫刻はとても楽器には見えない。ウォータードラムで音を出すには、「楽器」を抱え上げて水面に打ち付けなければならないため、さぞかし演奏するのも大変であろうと思う。また「聖なる竹笛」の先端に取り付ける人形（祖霊像？）もほのぼのとした表情をしている。ここでも単にものの機能性だけに留まらず、精霊、祖霊が一体となったパプア・ニューギニアの文化の一端に触れることができる。

【住所】東京都練馬区羽沢一‐一三‐一
【交通】西武池袋線江古田駅より徒歩約一〇分、西武有楽町線新桜台駅より徒歩約一〇分
【電話】〇三‐三九九二‐一四一〇（直通）

●国立音楽大学　楽器学資料館（www.kunitachi.ac.jp/）

昭和四一年よりルネッサンス・バロック音楽の演奏研究に必要な楽器の購入をきっかけに蒐集が始められ、その後邦楽器や広く世界の楽器の蒐集がなされた。昭和五二年から学内に向けて公開されるようになった。昭和六三年から音楽研究所内の組織から現在の楽器学資料館として独立し、楽器の学術的研究を行い、その成果を芸術・学術・教育の発展に寄与することを目的として運営されている。そのため所謂名器や骨董的な楽器よりも、地域的・年代的に片寄りのない系統

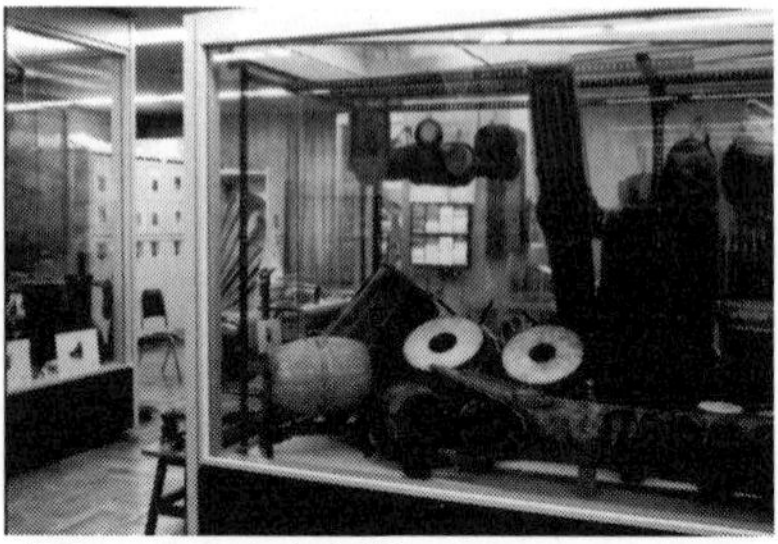
（撮影　国立音楽大学）
的な蒐集が意図されている。
全体で二三九八点の収蔵物がありパプア・ニューギニアは五二点所蔵されている（平成一五年一月二〇日現在）。展示は大きく「ヨーロッパの楽器」とその他の「分類別展示」に分かれており、パプア・ニューギニアは「分類別展示」に入っている。地域別ではなく楽器の分類別の展示であるため、「太鼓」「太鼓以外の打楽器／フルート／トランペット」「琴」「気鳴楽器」の四つのコーナーに分散している。「太鼓」のコーナーではワニが形どられた巨大な太鼓「ディワカ」（ゴゴダラ族）が他の太鼓を威圧している。「太鼓以外の打楽器」のコーナーではウォータードラムの表情がインドネシアやアフリカのスリットドラムと共に異彩を放っている。また彫刻されたパーカッション・スティックやボードもある。「琴」のコーナーには竹の筒状琴やミュージカル・ボウ（棒状琴）などの珍しいものもある。「気鳴楽器」のコーナーには顔の付いたホーンがある。これらの楽器にはすべて登録番号が記されており、ホームページで詳細を検索することができる。また楽器に関するオリジナルの出版物は学内の売店で購入できる。
なお公開日は基本的に毎週水曜日となっているが、学校の休みの時期には開館しておらず、当資料館に必ず事前に開館日を問い合わせることが必要である。

【住所】東京都立川市柏町五‐五‐一　国立音楽大学　四号館五階
【交通】西武新宿（拝島）線玉川上水駅より徒歩約八分、多摩都市モノレール玉川上水駅より徒歩約八分
【電話】〇四二‐五三五‐九五七四

●御諏訪太鼓　世界の太鼓博物館（www.h4.dion.ne.jp/~osuwa/hakubutukan.htm）

御諏訪太鼓《おすわだいこ》創始者の小口大八《おぐちだいはち》氏が世界中を公演してまわった際に蒐集した民族楽器を中心にした博物館。昭和二年（二〇〇〇年）よりオープンしている。太鼓が中心だが、他に笛、シタール、チャランゴ、三味線、琴等の楽器それに、仮面、ネパールの仏像、インドネシアのガムランの獅子舞い衣装、縄文土器、唐三彩等々様々な芸術品・民芸品が所狭しと並んでいる。約七〇〇〇点の収蔵物がある。パプア・ニューギニア関係では、大小のクンドゥドラムが展示されている。また、戦闘用の盾や神像も陳列されている。

小口氏は、ジャズドラマーから転身し、昭和二六年（一九五一年）に伝統的な御諏訪太鼓を復興させた。その方法は、大小様々な和太鼓を集めて組太鼓スタイル（複式複打法）にするというもので「太鼓のオーケストラ」ともいえる独創的なものである。以後、太鼓音楽を民

俗芸能として確立し、国内外各地での公演と指導を積極的に行い、その「感動」を普及させている。長野オリンピックでの閉会式では二〇〇〇人揃い打ちを行い、世界の人々に感銘を与えた。

彼は、何故太鼓が人に共感を与えるかについて次のように述べている。

太鼓の音が、なぜこれほどまでに私を捉えたか——それについてまず思いあたるのは、太鼓の音が、人間の心臓の鼓動と極めてよく似ているということである。これは恐らく、太鼓の魅力ということを考える場合、大変重要なことのように思われる。人間はもちろん、犬や馬や牛などの動物も、皆それぞれ一つの心臓をもっている。我々は生活において、無意識のうちに、その鼓動をリズムとして感じながら暮らしているといえる。しかも我々は、生まれるまで、母親のおなかに十月十日いるわけであり、この間は寝ても覚めても「ドンツク、ドンツク」という鼓動を聞いているのだ。これは他の動物も同じである。したがって、それに非常に共通した音、すなわち太鼓の音を聞いた場合、まず上手い下手以前に、この音に共鳴してしまう——そのようにいえるのではないだろうか。これは大変単純な見方かもしれない。しかしストレートに体に響く——確かにこのことが和太鼓の大きな武器とのいえるのである（『天鼓　小口大八の日本太鼓論』銀河書房）。

【住所】長野県岡谷市神明町二‐五‐一六　御諏訪太鼓楽園二階
【交通】ＪＲ中央線岡谷駅より車で約一〇分

【電話】〇二六六－二三－六一四六

●浜松市楽器博物館（www.city.hamamatsu.shizuoka.jp/gakki/）

　平成七年四月にオープンした我が国唯一の公立楽器博物館。日本で最初にピアノが製造された浜松は現在でも楽器産業に縁が深いことから開設された。世界の楽器を約一〇〇〇点展示しており、楽器の発明・工夫を通じて人間の歴史を考えてみる場を提供している。常設展は、ヨーロッパ、日本、アジア・アフリカの三つの地域に分けられており、パプア・ニューギニアの楽器は、アジア・アフリカのコーナーに数点ある。割れ目太鼓やクンドゥドラムの他、横吹きトランペットや「スソプ」（思春期の青年が求愛や娯楽のために使用する竹製の口琴。ちょうどアイヌのムックリのようなもの）などが展示されている。

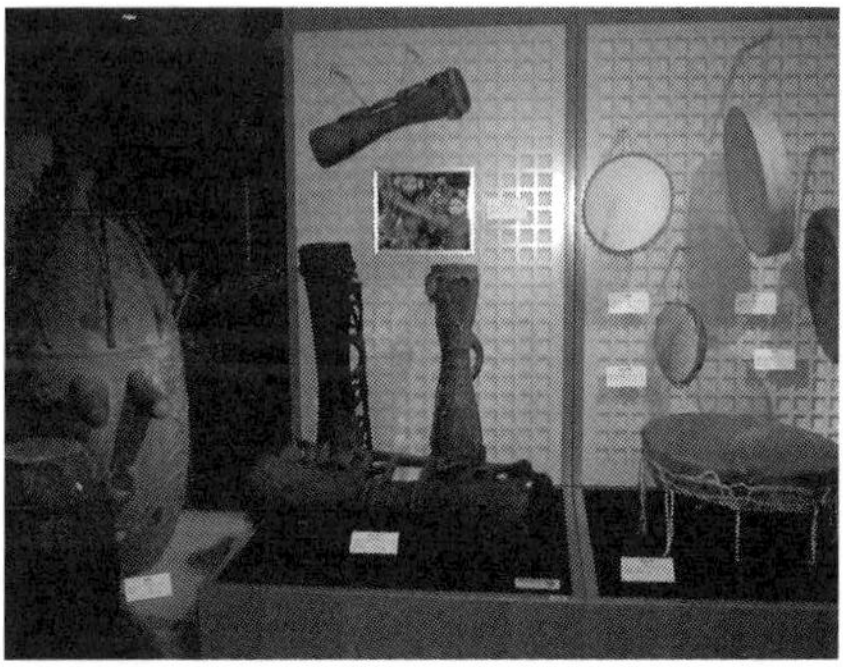

　また当博物館では平成一一年にパプア・ニューギニアでの現地調査を行っており、セピック川中流域で楽器の蒐集と水太鼓（ウォータードラム）等の実際の演奏を調査している（因みに水太鼓はクンドゥドラムの頭に取っ手を付けたようなもので、それを水面に叩きつけその際内部に侵入した水が流れ出るときに音が出

るというもの。ワニが川から出入りする音を表現している)。

平成一三年(二〇〇一年)には、「オセアニアの楽器」という特別展も行われ、約二〇〇点の楽器、彫像、装飾品、写真等が展示され、講演会も開催された。なお、「フィールドワーク報告書VOL.3　パプアニューギニア・セピック川中流域の楽器」や特別展の図録「祈りと踊りの楽器たち」等は、売店で購入できる。また各種の講習会も企画されており、二〇〇二年四月からは友の会の組織も発足している。

【住所】静岡県浜松市板屋町一〇八 - 一
【交通】ＪＲ東海道本線・東海道新幹線浜松駅より徒歩七分
【電話】〇五三 - 四五一 - 一一二八

●大阪音楽大学　音楽博物館 (www.daion.ac.jp/pre/institu/museum/frame.html)

邦楽楽器製作者水野佐平氏より寄贈された邦楽器のコレクションを基に、昭和四二年(一九六七年)に「楽器資料室」として開設され昭和五四年(一九七七年)より一般公開された本格的な音楽博物館。平成一四年(二〇〇二年)四月にこれまでの楽器博物館、音楽研究所が統合されて新しく総合的な音楽資料館としてオープンした。

当博物館は、「世界の楽器と音楽」「関西の洋楽史」「関西の民族音楽」の三分野の研究と関係資料の蒐集を行っている。現在約三五万点の資料を所蔵しているが、そのうち楽器関係が約二三〇

○点である。楽器の分類別ではなく地域別の展示になっており、パプア・ニューギニア関係はオセアニアのコーナーにある。メラネシアの所蔵数は五二点、その中で四五点がパプア・ニューギニアのものであり、うち二〇点を展示している。クンドゥドラムやウォータードラムなどの他マッドビーター、小さいガラムート、容器笛なども見学できる。そして音楽大学らしく、すべての展示のネームプレートには、ウォータードラム《体鳴楽器、搗撃体鳴楽器属》、クンドゥ《膜鳴楽器、深型単面鼓面》、うなり木《気鳴楽器、自由気鳴楽器属》などと記載されている。なお、「レファレンス・ルーム」も併設されており、音楽関係の書物、AV資料も閲覧できる。パプア・ニューギニアの楽器に関する洋書もある。またミュージアム・コンサートやセミナーも開催している。

【住所】大阪府豊中市名神口一‐四‐一　大阪音楽大学K号館四階
【交通】阪急宝塚線庄内駅下車徒歩約二五分
【電話】〇六‐六八六八‐一五〇九

動物園にもパプア・ニューギニアが息づいている。

パプア・ニューギニアの国鳥であるアカカザリフウチョウ（極楽鳥）が次のところで見られる。

●東京都恩賜上野動物園（www.kensetsu.metro.tokyo.jp/zoo/ueno/）

ニューギニア航空の定期直行便が成田空港から就航したことを記念して、四羽（オスメスそれぞれ二羽）の極楽鳥がパプア・ニューギニア政府より当上野動物園に寄贈された。二〇〇二年五月一二日より一般公開されている。これらの極楽鳥（アカカザリフウチョウ）はバードハウスで飼われており、その二階から見ることができる。但し木が生い茂る広いスペースの中で飼育されているため、また他の鳥も一緒にいるため全てを見つけるのは中々大変である。木々に身を潜めている場合も定期的に飛び回ることが多いため、辛抱強く見ればその華麗に飛ぶ姿を見ることができる。

極楽鳥はスズメ目フウチョウ科に属する鳥で全世界に四三種類生息している。そのうち三四種類がパプア・ニューギニアにいるといわれ、この中でアカカザリフウチョウが国鳥に指定されている。その華やかな羽毛から剥製として国外に持ち出されていたこともあるが、現在は原則として捕獲・輸出が禁止されている。綺麗な羽根を拡げての派手な求愛活動（ディスプレイ）や一夫多妻制に特徴がある。色彩の鮮やかなアカカザリフウチョウは極楽鳥（フウチョウ、風鳥）の代表格である。

なお、上野公園は、オランダ人医師ボードワン博士の進言により実現した公園。元々は慶応四年（一八六八年）の戊辰戦争の際に、上野寛永寺に集結した彰義隊を官軍が砲撃し掃討したことにより焼け野原になっていたところ。大正一三年（一九二四年）、帝室御料地であったものが東京市へ下賜されたことに因んで「恩賜」公園といわれている。

【住所】東京都台東区上野公園九‐八三

【交通】ＪＲ、京成電鉄上野駅徒歩五分、営団地下鉄千代田線根津駅徒歩五分、都営大江戸線上野御徒町駅徒歩一〇分

【電話】〇三‐三八二八‐五一七一

●福岡市動物園（www.jazga.or.jp/fukuoka/base/data.html）

昭和二八年に開園した面積約一〇万㎡の動物園。植物園も隣接しており自由に行き来ができる。ここに極楽鳥（アカカザリフウチョウ）が二羽飼育されている。平成元年（一九八九年）に開催された「アジア太平洋博覧会（よかトピア）」のバード館に来ていた極楽鳥をパプア・ニューギニア政府から寄贈されたのがきっかけで現在も飼育されている。よかトピアに寄贈された三羽（愛称、太平、洋子、パプア）は既に死亡しており、新たに一九九七年にパプア・ニューギニア政府から寄贈されたオスのオーエン（オーエンスタンレー山脈に因んでいる）と二〇〇一年にアメリ

カのサンディエゴ動物園より寄贈されたメスのサンディ（サンディエゴから来園したことに因んでいる）がいる。オーエンとサンディは一一代、一二代目にあたり、合計一二羽のうち五羽は当動物園で繁殖させたものである。死亡したもののうち二羽は剥製にされて、当動物園の高台にある「動物科学館」に展示されている。

また極楽鳥は正面入り口近くにある「パプアニューギニア館」という建物の中で飼育・展示されており、鮮やかな姿と威勢のいい鳴き声を楽しむことができる。そしてその建物には同時にニューギニア原産で世界最大のハトであるオウギバトも三羽飼育されており、華麗な頭飾りを見ることができる。

【住所】福岡市中央区南公園一‐一
【交通】西鉄バス56番、57番、58番乗車、動物園前または泰星高校前下車すぐ
【電話】〇九二‐五三一‐一九六八

またこの他にも、クスクスやキノボリカンガルー、カンムリバト、サイチョウなどもあちこちの動物園で見ることができる（全国の動物園情報は、（社）日本動物園水族館協会のホームページ www.jazga.or.jp/ 他）。

日本とパプア・ニューギニアとの関係を語るにはやはり太平洋戦争での関係に触れないといけない。

太平洋戦争関係ではパプア・ニューギニアは日本と驚くほど深い関係がある。東部ニューギニアとビスマルク諸島には一六万人が投入されてそのうち一五万人が戦死されている。このため遺族の方や戦友の方が様々な形で慰霊を行っておられる。なお、まだまだ日本に未帰還の遺骨が多い。

パプア・ニューギニアに行くと、現在の平和が如何に多くの犠牲者を礎としてもたらされたかということを実感することができる。日本国内でも出会うことのできる太平洋戦争関係の施設は数多くあると思われるが、ここでは次のものを紹介したい。

●太平洋戦史館

元ニューギニア航空極東支社長の岩渕宣輝氏が創設した戦争博物館。館内に現地から持ち帰った遺品や関連資料が展示されている。パプア・ニューギニア関係の工芸品や書物なども飾られているが、この施設のメインテーマは「平和を願うなら、戦争の本当の姿を知らなければならない」ということに置かれており、範囲はパプア・ニューギニアに限らない。岩渕氏は、父が西部ニューギニア（イリアンジャヤ。現在はインドネシアパプア州と呼ばれている）で戦死された関係から、ニューギニアへ慰霊をするためにキャセイ航空を経てニューギニア航空に入社し、以来多くの慰霊団のサポートと遺骨収集をされている。岩渕氏の経歴や活躍ぶりについては『翔べニューギニア二世』（岩渕宣輝、戦誌刊行会）や『玉砕　ビアク島』（田村洋三、光人社）で知ることもできる。なお、「太平洋戦史館」は、岩手県のＮＰＯ法人として認可されている。

　遺骨収集（彼は「遺体捜索」と呼ぶべきだと主張している）はまだまだ不充分であるが、パプア・ニューギニアよりも西部ニューギニアの方がほとんど手つかずの状態である。このため厚生労働省に働きかけて自ら現地に赴き「捜索」を行っておられる。なお、当戦史館は「戦史館だより」を発刊しており、正会員、会報会員を募集している。なお、訪問時は必ず電話による予約が必要である。

　また、当館のある衣川村は安倍氏対朝廷の戦い（「前九年の役」「後三年の役」）などの古戦場として有名であるが、当村の位置は東経一四一度上にあり、この経度はちょうどパプア・ニューギニアとインドネシアパプア州との国境上に当たる。

【住所】岩手県胆沢郡衣川村陣場下一四一
【交通】ＪＲ東北本線平泉駅より車で約一〇分
【電話】〇一九七‐五二‐三〇〇〇

●山本五十六記念館

ＮＰＯ法人山本元帥景仰会が中心になって設立が推進され、平成一一年（一九九九年）四月一八日、山本五十六の命日に開館した記念館。連合艦隊司令長官山本五十六の郷里長岡市に建てられ、書簡や愛用品などを展示している。ここに彼がパプア・ニューギニア・ブーゲンビル島で撃墜された時に搭乗していた海軍一式陸上攻撃機の左翼部分が展示されている。

山本長官は昭和一八年（一九四三年）四月一八日、前線の視察のためにラバウルのラクナイ基地をバラレ島に向けて飛び立った。しかしこの情報は暗号解読によりあらかじめ米軍に察知され、ブーゲンビル島南端で待ち伏せしていた米軍のロッキードＰ戦闘機一六機によって五分間の戦闘の後、撃墜されジャングルへ墜落していった。

この翼を日本に里帰りさせるには、多くの時間と労苦が必要であった。昭和五九年（一九八四年）、山本五十六生誕一〇〇年を記念して行われた「第一回山本元帥殉難地巡拝団」を機に、長官機の一部を里帰りさせるというプロジェクトが発足した。しかしプロジェクトは、現地の政変、妨害、推進員の逮捕勾留など数々の困難を克服し、昭和六二年（一九八七年）四月二日、ついに郷里の長岡に帰還させることができた（詳細は、山本五十六記念館編著『翼は還る　山本長官搭乗機里帰りプロジェクト』恒文社を参照下さい）。そしてその後に建設された記念館に収められている。なお、この翼はパプア・ニューギニア政府の好意により、五年更新で貸与されているものである。

【住所】新潟県長岡市呉服町一‐四‐一
【交通】ＪＲ上越新幹線長岡駅より徒歩で約一〇分
【電話】〇二五八‐三七‐八〇〇一

東部ニューギニア関係の慰霊碑も数多くあると思われるが、ここでは特に戦闘の激しかったポートモレスビー作戦とアイタペ作戦に多くの兵士が投入された福山の歩兵四十一連隊と高知百四十一連隊（以上ポートモレスビー作戦）それに第二百三十九連隊（アイタペ作戦）に因んで、福山市、高知市、松本市に建立されている慰霊碑をご紹介したいと思う。それぞれ裏面に亡き戦友を想う碑文が刻まれている。

東部ニューギニア方面戦没者慰霊碑（上）

建立：東部ニューギニア戦友会
住所：広島県福山市丸之内19-2 備後護国神社内
交通：ＪＲ福山駅より徒歩で約15分
電話：0849-22-1180

ニューギニア方面　戦友の塔（中）
建立：高知県ニューギニア会
住所：高知県高知市吸江213　高知県護国神社内
交通：ＪＲ高知駅より車で約15分
電話：088-882-2760

南十字星の下に散華せる　嗚呼戦友（下）
建立：長野県ニューギニア会
住所：長野県松本市美須々6-1　長野県護国神社内
交通：ＪＲ松本駅より車で約10分
電話：0263-36-1377

●ニューギニア航空日本支社（www.air-niugini.co.jp/）

パプア・ニューギニアのナショナルフラッグであるニューギニア航空日本支社はパプア・ニューギニア政府観光局も代表している。このため航空券の予約・発券のみならず、様々な観光情報も提供してくれる。なお当航空機は、以前は関西空港から夏休みや冬休み等の長い休みの時だけの就航であったが、二〇〇二年四月二〇日より成田―ポートモレスビー間で毎週の定期直行便が就

定期直行便就航お祝いのシンシン（ポートモレスビーのグループ。パレスホテル）。

ニューギニア航空のオフィス。パプア・ニューギニア政府観光局も兼ねている。

航している。このため約六時間三〇分で気軽に南半球に到達できるようになった。パプア・ニューギニアに興味のおありの方は是非コンタクトしてほしいところである。

【住所】東京都千代田区神田神保町三‐一〇　松晃ビル四階（近々近くに引越しの予定）
【交通】営団地下鉄半蔵門線または都営地下鉄新宿線・三田線神保町駅より徒歩二分
【電話】〇三‐五二一一六‐三五五五

●パプア・ニューギニア大使館 (plaza29.mbn.or.jp/~PNG/)

パプア・ニューギニアの代表機関。一般情報の他、貿易、投資等の情報も得ることができる。パプア・ニューギニアの査証（ビザ）を取得する場合、ここに問い合わせをすると良い。

【住所】東京都港区三田一‐四‐二八　三田国際ビル三階三一三号
【交通】都営地下鉄大江戸線赤羽橋駅より徒歩約三分
【電話】〇三‐三四五四‐七八〇一

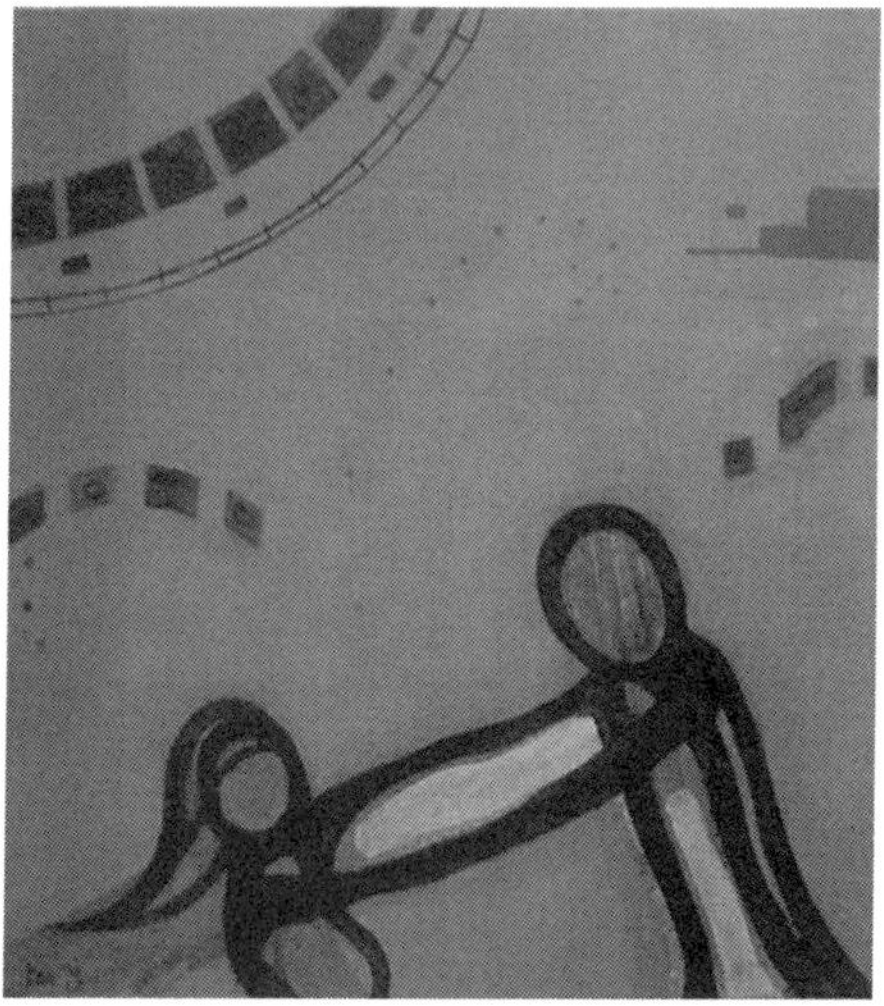

III

まだまだある
パプア・ニューギニア

【まだまだあるパプア・ニューギニア】

パプア・ニューギニアは色んなところで皆さんを待ち受けている。

■企画展・イベント

二〇〇二年以降に開催された主な企画展やイベントには次のようなものがある。

●「ニューギニア・アフリカ・アジア　太鼓の世界　―神々との交信、陶酔の響き―」

【主催】天理大学付属　天理参考館

【期間】二〇〇二年一〇月九日～二〇〇三年一月八日

天理参考館の第四四回目の企画展で、アジア、アフリカ、オセアニアの太鼓を中心に約一四〇点が展示された。中でも中国とパプア・ニューギニアの展示が多くを占めた。

パプア・ニューギニアの太鼓は、儀式等で使用されるクンドゥドラム（長胴型片面鼓）が数多く陳列された（インドネシア・パプア州のものも二点あった）。精霊の家（ハウ

スタンバラン）で行われるイニシエーションでの演奏や遠距離への通信用道具として使用されるガラムート（割れ目太鼓）も大小二台展示された。なお、天理参考館の常設展ではこれらの楽器は展示されていない。

　また関連のイベントとして、太鼓や銅鑼による韓国農楽「サムルノリ」の実演や、身近にあるものを利用しての太鼓作りも開催された。

●「美の呪力　ニューギニアの姿・かたち」

【主催】川崎市岡本太郎美術館

【期間】二〇〇二年一〇月一二日～二〇〇三年一月一三日

　そこにひっそりと並んでいるオセアニアの原始美術にふれたとき、異様なセンセーショナルをおぼえた。これらいわゆる未開人の生活用具、舟だとか、祭器、武器など、ひと目見た瞬間、存在の根底から揺り動かされ、生きる力強さが全身にふきあがってくる。同時に、ほっとするような爽やかさだった。

　なぜ原始美術がこのような激しさ、直接性をもって迫ってくるのだろう。現代美術、同じ時間、同じ世界に生活している人間の作品が、あのように鈍く、感動を伝えてこないのに。われわれとはまったく無関係な土地、環境、人間関係の中で生きたヤツら、そして、どんな意図のもとに作ったか解らないものが、このようにピーンとくる。現代人がシャチョッコだちしたってかなわない凄みだ。それはわれわれの根源的な魂にふれてくる。われわれの条件づけられ、区切られた生活の枠の外にあるもの。いわば悠久の時間の中に、うち出されている絶対感である（岡本太郎「対極」『芸術新潮』一九六〇年八月号より）。

（撮影　鶴ヶ島市教育委員会）

人間の根源的な生命感を伝えようとした岡本太郎の思想を汲み、ニューギニアの文化・生活を通して人間の本来的なあり方を見つめようとした企画展。埼玉県鶴ヶ島市所蔵の造形豊かな仮面、神像、楽器、武具の展示に加え、アンブンティ（セピック川中流域）にある精霊の家（ハウスタンバラン）のイメージを実物大で再現していた。またパプア・ニューギニアにゆかりの深い水木しげる氏の原画や写真家大石芳野氏の写真、岡本太郎氏による太陽の塔の地下展示空間の展示それに日本テレビのドキュメント映画「東ニューギニア縦断記」等も上映されていた。

●「パプア・ニューギニアの民族美術《仮面Ｍａｓｋｓ》展」

【主催】札幌大学
【期間】二〇〇二年一〇月二一日〜一一月二九日

札幌大学の学長室を展示スペースとして鶴ヶ島市所蔵の仮面展が行われた。セピック河・ラム河流域の仮面を中心として三二点が展示された。学長室は、学長で文化人類学者の山口昌男氏の発案で「札大の変革と発展の象徴的空間」と位置付けられ、学長の分身としての「展示スペース」として考えられている。当企画展に関しては札幌大学のホームページに次のように記されている。

仮面の説明をされる大橋昭夫氏（撮影　鶴ヶ島市教育委員会）

（前略）精霊堂を飾った魔除けの仮面、部族の祖霊を表す仮面、儀礼の際にすっぽりと被る舞踏用の仮面など豊かな表情をもつ幻想的な造形は、近代化の波に洗われ変容しつつある現代のニューギニア社会を照射するとともに、現代日本の行き詰まった美術世界をも照らしだす格好の材料であると考えます。

北海道でこのようなニューギニアの民族美術を展覧する機会は極めて少ないと思われます。学生はもとより市民の方など様々な方々に足を運んでいただき、ニューギニア民族美術の幻想的な造形を楽しんでいただければと思います。

なお山口昌男氏は、一九三一年北海道網走郡美幌町生まれで東京大学文学部卒。道化の役割に注目した「トリックスター」の分析や「中心と周縁」理論などを通じて「知」の分野で活躍し、「ニューアカデミズムの祖」とも呼ばれる。『「敗者」の精神史』で第二三回大佛次郎賞を受賞した。一九九九年より現職。

■交流

日本・パプアニューギニア協会

平成一四年一二月一〇日、日本・パプアニューギニア協会（英文名：Japan — Papua New Guinea Association）が新たに発足した。以前の友好協会はニューギニア戦からの生還者による慰霊を中心とした組織であったが、今回は経済、文化等、様々な交流の促進を図っての設立となっている。会長には谷口誠氏（元パプア・ニューギニア大使で現在早稲田大学アジア太平洋研究センター専任教授）が就任されている。

また、設立趣意書は次の通り。

我が国とパプア・ニューギニアは、歴史的に深い関係を有しており、第二次大戦中、一二万七千名を越す日本人が同国で亡くなられ、また、戦時中の我が国の行為がパプア・ニューギニアの人々に苦しみと悲しみをもたらしたという大変不幸な過去があります。

しかしながら、現在両国は、同じ太平洋に位置する隣人として、政治、経済、経済協力、人物交流など様々な分野で密接な関係を築き上げております。

政治的には、政府要人の往来等を通じて強い信頼関係を築いております。経済的には、原油、金、銅等の多くの鉱山資源や、コーヒー、コプラ、木材等の農業資源を有し、また、広大な排他的経済水域を抱える資源大国であり、我が国にとっては重要な資源供給国となっております。経済協力では、我が国のＮＧＯが同国の各地に展開して地元に密着した様々な協力を行っております。人物交流面では、様々なレベルでの交流が盛んであり、とりわけ、我が国からパプア・ニューギニアに慰霊巡拝や観光のために多くの日本人が訪れております。パプア・ニューギニアの起伏に富んだ地形と亜熱帯性気候は、国鳥の極楽鳥を始め数多くの貴重な動植物を育み、八〇〇もの部族からなる多様な文化と美しい自然や海は、同国を訪れる日本人訪問者を魅了しております。

かかる中、パプア・ニューギニアは、我が国との友好協力関係のいっそうの強化に対する期待が高まっております。同国からの期待に応え、両国関係を促進し、相互理解を深めることは、両国並びに太平洋地域の発展と安定にとって極めて重要となっています。

このような状況を踏まえ、パプア・ニューギニアとの様々な分野の関係者が協力し、貿易・投資、経済協力、人物交流、文化交流等を通じた両国間関係の一層の促進を目指し、ここに「日本・パプアニューギニア友好協会」を設立することとしました。

発起人

なお当協会は、法人・個人の入会を募集している。お問合せ先は次の通り。

【事務局】東京都港区新橋五-三三-七　富士産業㈱内　【電話】〇三-五四〇〇-六六五五

パプア・ニューギニアでボランティア活動を行っている団体は数多くあると思うが、ここでは「フレンズ・オブ・PNG（ピーエヌジー）」を紹介したい。

●フレンズ・オブ・PNG (www.po.jah.ne.jp/~fpng)

パプア・ニューギニアに対して支援活動を行っているグループ。元々は西村幸吉という方を支援する会（「PNG西村支援会」）から始まった。西村氏は、太平洋戦争時ニューギニア等で従軍され、戦後、戦友の遺骨の収集と慰霊を行うため単身でパプア・ニューギニアに渡り活動されているが、一九九四年に彼とパプア・ニューギニアで出会った横田氏という方が彼の活動に感銘を受け、日本で支援会を結成された。その支援会は、一九九六年より西村氏個人から「フレンズ・オブ・PNG（ピーエヌジー）」としてパプア・ニューギニアの国に対するNGO活動事業へと発展した。

このグループは、様々な援助等も行っているが、主に建設関係のボランティア活動をしている。

特にパプア・ニューギニアの主にセピック川流域に点在している伝統的な儀式用木造建築物「ハウスタンバラン」を保存するための調査を五回にわたり実施している。「ハウスタンバラン」とは「精霊の家」とも呼ばれ「イニシエーション」（ある集団へ加入するための儀式）をはじめとする様々な儀式・集会が行われている建物。柱などにはパプア・ニューギニア独特の彫刻、壁にはユニークな絵画があったりと文化的価値の高いものであるが、残念なことにかなり朽ち果てている。

これらのハウスタンバランの一部をご紹介したい（なおこの調査は「（社）国際建設技術協会」と民間の支持者からの支援金の双方でまかなわれた）。

アンゴラムのハウスタンバラン（H.T.）。高床式の構造である（撮影　成田修一氏）。

柱と束には独特の彫刻が施されている。

上記のハウスタンバランは1999年に焼失してしまった。何でも酔った若者が火をつけたとのこと…（撮影　赤石博氏）。

精霊が描かれているファサード部分。

アッパンガイのH.T.。土間形式である（撮影　成田修一氏）。

内部には神像が納められている（ビルグムH.T.)。（撮影　成田修一氏）。

ウィンゲイのH.T.。ファサードが損傷している（撮影　成田修一氏）。

メンダムのH.T.。平面が六角形である（撮影　村田昇太郎氏）。

モウルガムブのH.T.（撮影　村田昇太郎氏）。

ウォンブンのH.T.（撮影　成田修一氏）。

タンバヌンの元H・T。ゲストハウスになっている（撮影　成田修一氏）。

建設中のカンブリマンのH.T.。珍しく新築されている（撮影　村田昇太郎氏）。

こんなところにもパプア・ニューギニアが……

「精霊の家」にある演説用の椅子の精霊像が駅のホームを見下ろしている（「みんぱく」の看板、大阪市営地下鉄御堂筋線梅田駅）。

「はまます」（ピジン語で『幸せ』という意味）という名のおむすび屋さん。

ご主人のご子息さんはパプア・ニューギニアでコンピュータ関係のボランティア活動を行っておられる方。日本人だがRussel Dekaという現地名も持っておられる。おむすびの他にパプア・ニューギニアのブルーマウンテンコーヒーもいただけ、購入もできる。またメニューにはピジン語も（「はまますランチセット」は"kaikai plate bilong hanmamas"など）

（神戸市東灘区岡本１—５—５　TEL. 078-453-6557）。

店内にはパプア・ニューギニアの国旗や民芸品、写真などが飾られており、純和風のこだわりおむすびとの意外性が面白い。

【パプア・ニューギニアを知るための文献】

パプア・ニューギニアに関する文献も意外と多い。次に知りうる限りの紹介をしたいと思う。

■文化人類学・生態人類学・観光人類学・フィールドワーク

世界の名著59　マリノフスキー　西太平洋の遠洋航海者　マリノフスキー著、寺田和夫、増田義郎訳（中央公論社　一九六九年）
未開人の性生活　マリノフスキー著、泉靖一、蒲生正男、島澄訳（新泉社　一九七一年）
メラネシアの美術　福本繁樹（求龍堂　一九七六年）
狂気の起源をもとめて　野田正彰（中公新書　一九八一年）
ニューギニア高地社会　チンブー人よ、いずこへ　畑中幸子（中公文庫　一九八二年）
文化人類学への招待　山口昌男（岩波新書　一九八二年）
フィールドからの手紙　M・ミード著、畑中幸子訳（岩波現代選書　一九八四年）
不死身のナイティ　ニューギニア・イワム族の戦いと食人　吉田集而（平凡社　一九八八年）
ニューギニア紀行　十九世紀ロシア人類学者の記録　N・ミクルホ＝マクライ著、畑中幸子・田村ひろ子訳（平凡社　一九八九年）
オセアニア物語　鹿児島大学南太平洋海域研究センター（めこん　一九八九年）
太平洋　東南アジアとオセアニアの人類史　ピーター・ベルウッド　植木武・服部研二（法政大学出版局　一九八九年）
太平洋諸島入門　太平洋学会（三省堂　一九九〇年）
パプアニューギニアの食生活　鈴木継美（中公新書　一九九一年）
性と呪術の民族誌　ニューギニア・イワム族の「男と女」　吉田集而（平凡社　一九九二年）
オセアニア①島嶼に生きる　石川榮一監修　大塚柳太郎・片山一道・印東道子編（東京大学出版会　一九九三年）

オセアニア②伝統に生きる　石川栄一監修　須藤健一・秋道智彌・崎山理編（同右）
オセアニア③近代に生きる　石川栄一監修　清水昭俊・吉岡政徳編（同右）
精霊と土と炎　南太平洋の土器　福本繁樹（東京美術　一九九四年）
モンゴロイドの地球［2］南太平洋との出会い　大塚柳太郎編（東京大学出版会　一九九五年）
変わりゆくパプアニューギニア　田和正孝（丸善ブックス　一九九五年）
海洋民族学　海のナチュラリストたち　秋道智彌（東京大学出版会　一九九五年）
イルカとナマコと海人たち　熱帯の漁撈文化誌　秋道智彌（NHKブックス　一九九五年）
観光人類学　山下晋司編（新曜社　一九九六年）
メラネシアの秘儀とイニシエーション　M・R・アレン　中山和芳訳（弘文堂　一九九六年）
熱帯林の世界③　トーテムのすむ森　大塚柳太郎（東京大学出版会　一九九六年）
染み染み染みる日本の心「染め」の文化　福本繁樹（淡交社　一九九六年）
世界一周道具パズル　小林繁樹（光文社文庫　一九九七年）
森と魚と激戦地　清水靖子（北斗出版　一九九七年）
パプアニューギニアの薬草文化　堀口和彦・松尾光（アボック社出版局　一九九八年）
オセアニア・オリエンタリズム　春日直樹編（世界思想社　一九九九年）
神がみのパーフォーマンス　近藤雅樹編著（淡交社　一九九九年）
オセアニアを知る事典　石川栄一、越智道雄、小林泉、百々佑利子（平凡社　二〇〇〇年）
パプアニューギニア一〇〇の素顔　東京農大パプアニューギニア一〇〇の素顔編集委員会（東京農大出版会　二〇〇一年）
同性愛のカルチャー研究　ギルバート・ハート著、黒柳俊恭、塩野美奈訳（現代書館　二〇〇二年）
講座・生態人類学5　ニューギニア　交錯する伝統と近代　大塚柳太郎編（京都大学学術出版会　二〇〇二年）

オセアニア　暮らしの考古学　印東道子（朝日新聞社　二〇〇二年）

■歴史・政治・経済・社会

ニューギニアの林業と木材　日本林材新聞社（日本林材新聞社　一九七三年）
パプアニューギニアの社会と経済　谷内達（アジア経済研究所　一九八二年）
太平洋諸島入門　太平洋学会編（三省堂選書　一九九〇年）
海外職業訓練ハンドブック　パプアニューギニア　大沼久夫、野畑健太郎（海外職業訓練協会　一九九一年）
マタンギ・パシフィカ　太平洋島嶼国の政治・社会変動　熊谷圭知・塩田光喜編（アジア経済研究所　一九九四年）
パプア・ニューギニア独立前史　J・グリフィン、H・ネルソン、S・ファース著、沖田外喜治訳（未来社　一九九四年）
メラネシア紀行　西岡義治（日本貿易振興会　一九九七年）
パプア・ニューギニア　山口健治（財務出版　一九九七年）

■仮面

変貌の道具／仮面　天理参考館（天理参考館　一九八〇年）
世界の仮面　太田南沼（世界書房　一九八二年）
仮面と神話　大林太良（小学館　一九九八年）
みんぱく発見⑥　世界の仮面　吉田憲司（千里文化財団　二〇〇一年）
仮面―そのパワーとメッセージ　佐原真監修　勝又洋子編（里文出版　二〇〇二年）

■民話・神話

世界の民話23　パプア・ニューギニア　小沢俊夫編、小川超訳（ぎょうせい　一九七八年）
オセアニア神話　ロズリン・ポイニャント著　豊田由貴夫訳（青土社　一九九三年）
ハワイ・南太平洋の神話　後藤明（中公新書　一九九七年）

■紀行・伝記・体験記・NGO・プロジェクト

私のソロモン紀行　阿川弘之（中央公論社　一九六七年）
わが少年時代のニューギニア　ポーリアス・マタネ著、原もと子訳（学生社　一九七五年）
キキ自伝　A・マオリ・キキ著、近森正訳（学生社　一九七八年）
さらば文明人　ニューギニア食人種紀行　西丸震哉（角川文庫　一九八二年）
翔べニューギニア二世　岩淵宣輝（戦誌刊行会　一九八三年）
女二人のニューギニア　有吉佐和子（朝日文庫　一九八五年）
ニューギニア看護婦物語　エリザベス・バーチル著、巴辰男訳（ヒューマンドキュメント社　一九八六年）
実った椰子　パプア・ニューギニア聖書翻訳宣教のあかし　真鍋和江（いのちのことば社　一九九三年）
巡拝日記　英霊の島を訪ねて　門司親徳（財務出版　一九九五年）
日本が消したパプアニューギニアの森　清水靖子（明石書店　一九九四年）
パプア・ニューギニア探訪記　多忙なビジネスマンの自己啓発旅行　川口築（花伝社　一九九六年）
地球を耕す　佐草一優（成星出版　一九九七年）
ガダルカナル・ラバウル慰霊行　蔭山次郎（東洋出版　一九九八年）
パプア・ニューギニア　精霊の家・NGO・戦争・人間模様に出会う旅　川口築（花伝社　二〇〇〇年）
爆下に描く　戦火のラバウルスケッチ紀行　林唯一（中公文庫　二〇〇〇年）
翼は還る　山本長官搭乗機里帰りプロジェクト　山本五十六記念館編著（恒文社　二〇〇一年）
ニューギニアの贈りもの　平田春敏（現代書館　二〇〇一年）
パプア・ニューギニア小紀行　20日、6都市移動行　鈴木正行（学文社　二〇〇一年）
パプアニューギニア祭り紀行　辻丸純一（青弓社　二〇〇二年）

Ｐ・Ｎ・Ｇ・からの風　新井純子（新風舎　二〇〇二年）
戦跡を歩く　牧野弘道（集英社　二〇〇二年）

■博物館・資料館の図録等

パプアニューギニアの土器と土製品　収蔵目録Ⅰ　塩沢町立今泉博物館（塩沢町文化・スポーツ事業振興公社　一九九五年）
パプアニューギニアの祖霊・精霊像　収蔵目録Ⅱ　塩沢町立今泉博物館（同右　一九九九年）
パプアニューギニアの仮面　収蔵目録Ⅲ　塩沢町立今泉博物館（同右　一九九九年）
パプアニューギニアの武器と神像類　収蔵目録Ⅳ　塩沢町立今泉博物館（同右　二〇〇一年）
ひとものこころ　パプアニューギニア　天理大学・天理教道友社（天理教道友社　一九八七年）
リトルワールド　ガイドブック　野外民俗博物館リトルワールド編（名古屋鉄道　一九九六年）
天理参考館　資料を語る　天理参考館（天理参考館　一九九六年）
天理参考館常設展示図録　天理参考館（同右　二〇〇一年）
国立民族学博物館案内　上　国立民族学博物館（千里文化財団　一九九六年）
南太平洋の文化遺産　国立民族学博物館ジョージ・ブラウン・コレクション　石森秀三編著（千里文化財団　一九九九年）
国立民族学博物館展示ガイド　国立民族学博物館（同右　二〇〇〇年）
かたちが語る　世界の形象土器　森淳監修他（世界陶芸祭実行委員会　一九九一年）
フィールドワーク報告書　ＶＯＬ３　パプアニューギニア・セピック川中流域の学期　浜松市楽器博物館（浜松市楽器博物館　二〇〇一年）
祈りと踊りの楽器たち（同右　二〇〇一年）
ニューギニア　神と精霊のかたち　埼玉県鶴ヶ島市教育委員会（里文出版　二〇〇〇年）
ＳＥＭＢＩＡＮＺＡ　大阪音楽大学付属楽器博物館（大阪音楽大学　一九九五年）

大阪音楽大学付属楽器博物館　目録　大阪音楽大学付属楽器博物館（同右　一九九八年）
楽器資料集　Ⅸ　笛　国立音楽大学楽器学資料館（国立音楽大学楽器学資料館　一九九〇年）
楽器資料集　Ⅹ　太鼓　国立音楽大学楽器学資料館（同右　一九九二年）
楽器資料集　’Ⅱ　琴　国立音楽大学楽器学資料館（同右　一九九二年）
観峰館　収蔵品目録（総合品）観峰館（日本習字教育財団　一九九六年）
美の呪力　ニューギニアの姿・かたち　川崎市岡本太郎美術館（川崎市岡本太郎美術館　二〇〇二年）

■ピジン語

ピジン・クレオール入門　ロレト・トッド著、田中幸子訳（大修館書店　一九八六年）
ピジン語　小辞典　守谷健一（泰流社　一九九〇年）
実用パプア（ニューギニア）語入門（発音・文法・会話集・単語集）戸部実之（泰流社　一九九六年）

■川畑静氏

奥アマゾン探検記　向一陽（中公新書　一九七八年）
熱風　南国でボスと呼ばれる男　松田尚正　企画・原案加藤正毅（講談社　一九九八年）
東西奇ツ怪紳士録　弐　水木しげる（小学館　一九九八年）
パプア・ニューギニア　精霊の家・NGO・戦争・人間模様に出会う旅　川口築（花伝社　二〇〇〇年）

■水木しげる氏

妖怪天国　水木しげる（ちくま文庫　一九九六年）
水木しげるのラバウル戦記　水木しげる（ちくま文庫　一九九七年）
妖鬼化《むらじゃ》　第5巻　世界編（アジア・オセアニア・アフリカ・アメリカ）水木しげる（ソフトガレージ　一九九九年）
トペトロとの50年　ラバウル従軍後記　水木しげる（中公文庫　二〇〇二年）

■音楽

民俗音楽の楽しみ　オセアニア、アフリカ　成澤玲子（音楽之友社　一九八四年）
鳥になった少年――カルリ社会における音・神話・象徴　スティーブン・フェルド著、山口修・山田陽一・ト田隆嗣・藤田隆則訳（平凡社　一九八八年）
霊のうたが聴こえる――ワヘイの音の民族誌　山田陽一（春秋社　一九九一年）
地球の音楽41　パプア・ニューギニア　霊の語り　セピック丘陵・ワヘイの村から　山田陽一（日本ビクター・ビクター音楽産業　一九九二年）
地球の音楽42　パプア・ニューギニア　鳥のうた　セピック流域の村から　山田陽一（同右　一九九二年）
地球の音楽43　パプア・ニューギニア　祝祭の叫び歌　高地周縁部の村から　山田陽一（同右　一九九二年）
講座　人間と環境⑪　自然の音・文化の音　環境との響きあい　山田陽一編（昭和堂　二〇〇〇年）

■建築

世界の民家・住まいの創造　川島宙次（相模書房　一九九〇年）
シリーズ建築人類学④　世界の住まいを読む　住まいにいきる　佐藤浩司（学芸出版社　一九九八年）

■写真集

パプア人　いま石器時代に生きる　大石芳野（平凡社　一九八一年）
ワニの民　メラネシア芸術の人びと　大石芳野（冬樹社　一九八三年）
シンシン　辻丸純一（第三書館　一九九三年）

■絵本

ジャクパの森の精霊たち　ジャクパ・アコ（現代企画室　一九九五年）
月にあいにいったアギサ　パプア・ニューギニアの民話　伊藤比呂美、斎藤隆夫（福音館書店　一九九六年）

まじょのひ　パプア・ニューギニアの昔話　大塚勇三、渡辺章人（福音館書店　一九九七年）
バーバパパ　世界をまわる　3　ニューギニア　あかちゃんを　まもれ！　アネット・チゾン&タラス・テイラー（講談社　一九九八年）
森の暮らしの記憶　パプア・ニューギニアのマーロン・クエリナドさんのゴゴール渓谷の村のおはなし　マーロン・クリナド、清水靖子（自由国民社　一九九八年）

■コミック

マッドメン　諸星大二郎（ちくま文庫　一九九一年）
熱風　南国でボスと呼ばれる男　松田尚正　企画・原案加藤正毅（講談社　一九九八年）
東西奇ツ怪紳士録　弐　水木しげる（小学館　一九九八年）

■生物

風鳥の棲む島　ニューギニアの博物学者　ブルース・M・ビーラー著、長澤純夫・大曾根静香訳（文一総合出版　一九九六年）
動物世界遺産　レッド・データ・アニマルズ⑦　オーストラリア・ニューギニア　小原秀雄、浦本昌紀、太田英利、松井正文編（講談社　二〇〇〇年）
昆虫採集の魅惑　川村俊一（光文社新書　二〇〇二年）

■戦争関係

ニューギニア戦記　小岩井光夫（日本出版共同　一九五三年）
戦史叢書　南太平洋陸軍作戦1〜5　防衛庁防衛研究所戦史室（朝雲新聞社　一九六七年）
若き日の思い出　ブーゲンビル島戦記　島海忠彦（自家本　一九七四年）
悲運の京都兵団証言録　防人の詩　南太平洋編　京都新聞社編（京都新聞社　一九七七年）
破倫　吾れ戦友を食う　豊谷秀光（新世紀書房　一九七九年）

パプアニューギニア地域における旧日本陸海軍部隊の第二次大戦間の諸作戦　田中兼五郎　(日本パプアニューギニア友好協会　一九八〇年)
東部ニューギニア戦線　鈴木正己　(戦誌刊行会　一九八一年)
留魂の詩　東部ニューギニア戦記　堀江正夫　(朝雲新聞社　一九八二年)
誰も書かなかった戦争　佐藤早苗著、水木しげる絵　(光人社　一九八二年)
なにわの葦　山中秀晃　(戦誌刊行会　一九八二年)
われら従軍回想記　二十四防給戦友会編　(自家本　一九八三年)
責任　ラバウルの将軍今村均　角田房子　(新潮文庫　一九八四年)
戦記　塩　東部ニューギニア戦線・ある隊付軍医の回想　満川元行　(戦誌刊行会　一九八四年)
ニューギニアレクイエム　宮川雅代　(潮出版社　一九八五年)
悲惨・ブーゲンビル島　第十六防空隊の悲劇　梅岡大祐　(旺史社　一九八六年)
人間の記録　東部ニューギニア戦　御田重宝　(講談社文庫　一九八八年)
愛の統率　安達二十三　第十八軍司令官ニューギニア戦記　小松茂朗　(光人社　一九八八年)
昭和天皇の戦場　伊藤一男　(光人社　一九八九年)
敗走一万粁　一気象将校の手記　今里能　(旺史社　一九八九年)
私が見たパプア・ニューギニア　富野貴心　(久慈観音霊場貴心寺　一九九〇年)
ニューギニア戦の検証　出澤敏男　(信濃毎日新聞社　一九九一年)
ニューギニア戦悲劇の究明と検証　田島一夫　(戦誌刊行会　一九九二年)
ラバウル海軍航空隊　奥宮正武　(朝日ソノラマ　一九九二年)
非情の空　ラバウル零戦隊始末　高城肇　(中公文庫　一九九二年)

餓鬼道のニューギニア戦記　唐澤勲（新潟日報事業社出版部　一九九二年）
戦場パプアニューギニア　奥村正二（中公文庫　一九九三年）
ラバウル攻防戦と私　横川正明（旺史社　一九九三年）
ダンピールの海　戦時船員たちの記録　土井全二郎（丸善ブックス　一九九四年）
追憶ニューギニア戦――「南十字星」復刻――　高知県ニューギニア会（高知県ニューギニア会　一九九五年）
ラエの石　佐藤弘正（光人社　一九九五年）
証言集　朝鮮人皇軍兵士　林えいだい（柘植書房　一九九五年）
米軍が記録したニューギニアの戦い　森山康平編著（草思社　一九九五年）
地獄行脚　豊谷秀光（近代文芸社　一九九六年）
あゝ飛燕戦闘隊――少年飛行兵ニューギニア空戦記　小山進（光人社　一九九六年）
「死の島」ニューギニア　極限のなかの人間　尾川正二（光人社ＮＦ文庫　一九九六年）
陸軍中野学校のニューギニア遊撃戦　田中俊男遺著（戦誌刊行会　一九九六年）
森と魚と激戦地　清水靖子（北斗出版　一九九七年）
レクイエム・太平洋戦争　辺見じゅん（ＰＨＰ文庫　一九九七年）
私はラバウルの撃墜王だった　本田稔ほか（光人社ＮＦ文庫　一九九五年）
地獄の戦場ニューギニア戦記　間嶋満（光人社ＮＦ文庫　一九九八年）
ニューギニアの墓標　岡田徹也（創栄出版　一九九八年）
南太平洋戦跡慰霊の旅　小野山隆也（都西タイムス社　二〇〇〇年）
ソロモン戦記　福山孝之（光人社　二〇〇二年）
回想のラバウル航空隊　守屋清（光人社　二〇〇二年）

あとがき

「同時多発入院」

病室にて
水分によって生かせてもらっている。
点滴の水が尿の袋へとたまる。
一部は荒い呼吸から吐き出される。
一部は痩せた皮膚から汗となる。

あれだけ仕事をした手
あれだけ冗談を言った口
あれだけ見守ってくれた眼

今は懸命に生命のために潜ませている。
梅雨の湿った湿った空気の中で。

二〇〇二年六月三〇日　一五時一八分　京都

パプア・ニューギニア旅行より帰国してから、我が家では二つの大きな事件があった。先ずは我々が帰ってすぐ、親父が入院してしまったのである。胆管癌であった。胆管は肝臓と十二指腸を結んでいる管で、肝臓で作られた胆汁を腸に流している（途中に胆のうが付いている）。親父は旅行先で黄疸が発生し体調が悪くなり、盆明けに入院したのである。家族の皆んなは胆管が細くなった原因が良性の腫瘍であることを望んだが、願いもかなわず残り一年以内という告知を受けた。

そんな中、今度は私自身が入院することとなった。転勤以来飛ばしに飛ばしていたが、心身ともに相当疲れていた。そこにA型肝炎の菌が侵入したのである。最大の原因は過労である。パプア・ニューギニアでは生ものを食べていないし、どうもシンガポールで食べた生の海産物が直接の原因のようである。過労が主要因というのは、同じものを食った家内や子供たちが何ともないからである。

八月の終わり頃からだるいだるいおかしいおかしいと思っていた。胃ももたれてきて食欲がなくなってきたが、極めつけは褐色の尿であった。ビール壜のような色の尿が出たのである。これは愈々おかしいと週末に近くの医院に行ったところ、早速血液検査をされた。

「来週の水曜日頃に結果を聞きに来て下さい」

休み明けの朝、お得意先へ訪問する道すがら、突然家内から電話がかかってきた。

「今、〇〇医院から電話があって、すぐに帰って入院しなさいと言うのよ！」

これは困った。期末のその週はすべて出張で詰まっている。とはいっても身体が優先である。とりあえず、直近のお約束のお得意先には訪問した。そして、

「ということで、これから入院してきます……」

医院に行くと、血液検査の結果を見せられた。肝機能の値を示すGOT（グルタミン酸オキサロ酢酸トレンスアミナーゼ）、GPT（グルタミン酸ピルビン酸トレンスアミナーゼ）の値がそれぞれ三二〇〇、三一九〇となっている。訊くと、これらの正常値はGOTが一三〜三八、GPTが六〜三七とのこと。つまり通常レベルの二〇〇倍以上の悪さなのである。

「肝炎ですね」

GOT、GPTは食べたタンパク質をアミノ酸として身体に組み込むための酵素である。通常は正常値の範囲で少量が血液に流れているが、これだけ流れているということは、炎症によって相当肝臓の細胞が壊れているのである。ということは肝臓がかなり小さくなっていることになる。これではだるくて当たり前だ。実際、今すぐにでも地べたに横になりたいくらいだるい。

「白眼も黄色くなってるわ」

黄疸も出ているのである。急遽、入院の準備をしてタクシーを飛ばした。

それから四三日間の入院。入院当初は黄疸の値を示す「総ビリルビン」がどんどん上がっていったので、ベッドで仰向けになっている私に主治医がこう言った。

「このまま上がると劇症肝炎になってしまうなぁ……」

『そんなこと言われても……』

劇症肝炎になると命にも関わる。親父の看病で忙しくしていた母も飛んでやってきた。どうもGOT、GPTが三〇〇〇を超して、二日で亡くなった人がいるということを近所の人から聞いたとのことである。

『そんなこと言われても……』

幸い「総ビリルビン」は数日で上昇が止まり、やがて下降傾向になった。

「峠は越したようです」

病名もA型肝炎ということで治ってしまえば後くされはない。後は時間の問題となった。しかしA型肝炎には治療薬がなく、ただひたすら食べて寝るだけという毎日となった。あまり横になりすぎて、全身の筋肉が落ち、歩くのもひと苦労となった。それでも数値が下がるほど気力も出てきて、折角時間があるのだから、とパプア・ニューギニア旅行記をまとめることにした。この入院の間でほとんどが書きあがった。

その年の九月一一日、アメリカでハイジャック機による同時多発テロがあった。入院後のテレビは米英軍がいつアフガニスタンを攻めるかそして攻撃が開始されてからは如何に戦闘がなされ

ているかを毎日毎日克明に流していた。そのため折からの私と親父の入院を、

「同時多発入院」

と呼んでいた。


退院はすっかり夏から秋に季節が変わってしまった頃となったが、今度は親父の具合が悪くなっていった。狭くなった胆管を拡げるために口から管を入れるという手術を繰り返したが、年を越してから腹水が溜まりだし、急激に痩せていった。五月の連休に退院したときは随分弱っていたが、それでも、

「こんど温泉でも旅行に行こか」

と言っていた。この時の退院が最後であった。その後、食べ物も取れなくなり大部屋から個室に移ってからは、点滴だけの毎日となった。尿の量も血小板の量も極端に減った。腎機能が低下し全身出血体質になったのである。危険な状態と小康状態が繰り返し続き、家族が交代で寝泊りをするようになった。しかし治療・看病の甲斐なく、七月一二日の早朝、眠るように本当に眠るように息を引き取っていった。毎年出させていただいている福岡の博多祇園山笠の「追い山ならし」の日であった。小康状態が続いたため、直前まで福岡に行けるのではないかと考えていたが、念のため止めたところこのようなことになった。博多の代わりに京都の祇園祭りに二〇年ぶりに包まれることとなった。

「たまには、京都の祇園祭りにも行きや」

という親父の配慮だったのだろう。

この付き添っていた約三週間は、すっかり仕事でハイペースとなり、疲労気味となってしまっていた私のヒートアップを冷やしてくれることとなった。一ヶ月間、酒も飲めず、出張も極力控えざるを得なかったため、体力は逆に回復した。親父の意識が無くなってからは、付き添いといっても自分で何ができるわけでなし、できることといえば喉に痰が詰まったときに看護婦さんに連絡することぐらいである。ここで、旅行記の校正をする時間ができたのである。

まさしくこれらの二つの入院があったからこそ、この本ができあがった。自らの闘病と親父の看病の間でほとんどの部分ができあがった。


「明るい表通りで」

最近、仕事でも良い話題より良くない話題の方がよく聞かれる。仕事の日常でもそうだが、日銀短観（日本銀行が四半期毎に実施する「企業短期経済観測調査」）の業況判断指数でもマイナスとなっている。この景気指数は、業況が「良い」「上向いている」と答えた企業の割合から、「悪い」「下向いている」と答えた企業の割合を差引いたものであるが、どうもこのところ、この引き算はいつもマイナスである。景気は「気」のものだから皆んなして、悪く考えるとどうしても悪くなってしまう。日本は国と地方で六六六兆円（二〇〇二年度末）もの公債残高を抱えている。

一方で個人としては一四〇〇兆円もの金融資産をもっているといわれているが、この中の約半分の額はオーナー企業の内部留保といわれており、個人資産は意外と少ない。さらに個人は住宅ローンの残高が二〇〇兆円程あるといわれており、やはり中々大変である。それでも何とか金をまわさないと商売は活性化しない。

「金は天下の回りもの」

ではなくて

「金は天下で回すもの」

でないといけない。

しかし、将来および現在に雇用不安があり、さらに資産が大幅に目減りしているという現況では、預貯金が封印されてしまう(もっとも預貯金の大半は高齢者がもっている。贈与税の壁もあり、お金が必要な若い世代への資金の移転がしにくい。但し二〇〇三年になってやっと時限立法が施行された)。それはそうである。「クビになるかもしれない」という不安があれば、いきおい守りに入り出費は抑えられる。リストラが本来の「再構築」という意味を失い、「解雇」と同義語になって久しい。既に製造業は一九九二年のピークから二〇〇二年では三五〇万人が離職しており、これは製造業全体の二割以上に当たる。卸売業、小売業、飲食店の就業者数も減少に転じており、伸びているのはサービス業だけである。失業されている方も大変だと思うが、残っている方も大変である。実績向上のために必要以上に精神力および体力を使ってしまうことになる。心身共に余裕がなくなってしまう。この頃、過労死、過労自殺の数が急激に増えている。何と一日に一〇〇人もの人が自殺しているが、事業の行き詰まりを理由としている経営者の場合も多いと聞く。とんでもない事態が進行している。

「数字が深刻になると、いたるところでその形が見えてくる」

と、ポール・サイモンは歌にしているが（WHEN NUMBERS GET SERIOUS）、実際月末が近づくと、

「ナンバーズ・ゲット・シリアス」

となるのである。その上、個人の「ナンバーズ」はデフレといいながら、年々大きくなってきている(中国が存在する限りずっとデフレは続くという説もあるが……)。悩みに関する解決法を説いたデール・カーネギーのベストセラー『道は開ける』で、彼はアレクシス・カレル博士の次の言葉を引用している。

「悩みに対する戦略を知らないビジネスマンは若死にする」

たしかにほっておくと「悩み」は矢鱈と湧き出してきて収拾が付かない。過度のストレスに対する解消法はいくつもあると思うが、無理にでも明るく、前向きに考えることが基本のようである。感情のコントロールは人間が情の動物であるだけに大変難しいことだと思うが、そこを「無理やり」楽天的に考えるように仕向けるしかないようである。

一九二九年の世界恐慌によってバブルがはじけ、不況で暗い世相になったとき、アメリカで次のような唄がヒットした。それは
「オン・ザ・サニーサイド・オブ・ザ・ストリート（明るい表通りで）」
である。
陽のあたる表通りに出かけると、たとえ一セントしかなくとも心はロックフェラーになれるよ、という明るい内容である。陽気なメロディーなので景気の良いときに作られたものと思っていたが、実は世界的な不況の風が吹き荒れていた一九三〇年に作られたものである。ミュージカル「インターナショナル・レビュー」のためにドロシー・フィールズが作詞、ジミー・マクヒューが作曲し、主演のハリー・リッチマンが歌って大ヒットしたナンバーである。数々の歌手やジャズプレイヤーがカバーしているが、強姦、売春、監獄、人種差別など不幸な過去をもつビリーホリディもこのナンバーを唄うと人生何も悩みがなかったのではないかというぐらい溌剌と聞こえてくる。勿論彼女の歌唱力の賜物だが、それにしても明るい歌は気持ちを明るくしてくれる。無理をしてでも
「サニーサイド」
に身を置くように心掛けたいものである。そしてパプア・ニューギニアはその
「サニーサイド」
の典型である。現代は、暗い時代、価値が転換して混乱する時代だ。しかしそんなことを言って

いても仕方ない。逆に無理やり「サニーサイド」にする必要がある。パプア・ニューギニアで「サニーサイド」入りのきっかけづくりも良いのではないだろうか。

パプアに触れれば

埼玉県鶴ヶ島市のボランティア団体「ポリトライブ」が会報を創刊するにあたって、寄稿を依頼されたので次のような文章を送らせていただいた。

パプアに触れれば

ひょんなことから一人旅になった初めてのパプア・ニューギニア旅行。平成元年の大晦日。西洋人のバカ騒ぎ「ニューイヤー・イブ・パーティ」を抜け出して部屋に戻るとテレビでカウントダウン。

「10、9、8、7、6、5、4、3、2、1 A HAPPY NEW YEAR!」

一九九〇年代の幕開けは高原の町ゴロカで始まりました。ドギマギし、また深い印象をグッと身体に染み込ませた小旅行でしたが、旅はそれでは終わりませんでした。

平成八年の『パプア・ニューギニア探訪記』出版がご縁でNGOへの参加、パプアニューギニア国営航空日本支社閉鎖に伴う島田さんのフェアウェルパーティ（現在勿論再開中）がご縁で鶴ヶ島の皆さんとの出会い、そしてポリトライブの皆さん主催の「南の精霊展」での講演……。常々「旅はハプニングだ」と思ってきましたが、これほどまでに大きく拡がりをみせた旅も少なかったのではないかと思います。それはとりもなおさず、パプア・ニューギニアという国の魅力であり、またパプア・ニューギニア関係者の不思議な連帯感によるのではないかと思います。

パプアに触れれば日本に戻る
パプアに触れれば自分に戻る

パプア・ニューギニアで出遭った人たちと接しているうちに、太平洋戦争との関わりに驚くことになりました。六〇年近くを経ても今なお強力な地場を持つ太平洋戦争の跡・痕。遺骨収集に余生を捧げている西村さん。ホテルのオーナーとして現役で活躍中の川畑さん。人肉を食ったがために毎年慰霊に訪れている豊谷さん。日本ではすっかり忘れ去られている南海の島で、日本では教えてくれることの稀な歴史を伝えてくれます。パプアに触れれば日本に戻ってしまいます。

伝統的建築物「ハウスタンバラン（精霊の家）」に彫られている大胆なデザインの芸術は、彫刻をする人（一般人です）が、一ヶ月間山に篭もり、ある時インスピレーションを得て、祖先の霊を掘り出すといいます。その我々の想像力を超す想像力豊かな彫刻は、日頃あくせ

く と細かい仕事・人間関係で擦り減っている我々に、
「一体何を大切にして生きているのですか」
てなことを考えさせてくれる不思議なパワーがあります。さらに、そうすることが法律で決まっているかのような人々の笑顔、じらすようにゆったりとした所作、原色と熱射が圧し掛かる南洋の自然も畳み掛けてきます。パプアに触れれば自分に戻ってしまいます。

そして日本にいながらにしてこの様な体験を持つチャンスが「ポリトライブ」にあるのではないでしょうか。鶴ヶ島の「宝物」を核にもっともっとパプアに触れていかれれば益々豊かな気持ちを味わえるのではないかと思います。更なるグループの盛隆を祈念申し上げます。

パプア・ニューギニアの人々は日本に大変関心を持っている。マレーシアのマハティール首相の「LOOK EAST」政策ではないが、パプア・ニューギニアでは「LOOK NORTH」政策という言葉も出てきた。政治・経済の関係者だけでなく、留学生の派遣も増えてきており、二つのハイスクールと一つの大学では日本語の授業もある。パプア・ニューギニアの人々の関心に引き換え、一般的に日本人のパプア・ニューギニアに対する関心は非常に低い。

しかし、パプア・ニューギニアに足を踏み入れてみて、この国の文化に魅せられた人たちが意外と多いことが判った。パプアの希少性ともあいまって関係者は不思議な連帯感をもっている。皆んなにもっと知ってほしいけど、ちょっと知られるのは惜しいかなという複雑な感じももっている。折からスローライフや沖縄・奄美の島歌など、自らに立ち返る流れも出てきたが、根源的なものに戻ってみるならパプア・ニューギニアは価値がある。遥かな国であると思われているが随分「身近か」になってきた。皆さんもこれを機会に是非、国内外のパプア・ニューギニアをご体験あれ！

御礼

また本書を発行するにあたり、多くの方々にご支援・ご鞭撻をいただきました。フレンズ・オブ・ＰＮＧの横田満人氏、福田裕志氏、長島良氏、氏原一氏、福井哲夫氏、成田修一氏、村田昇太郎氏、赤石博氏、白川和司氏、本間義衛氏、竹中仁氏、船木東作氏、長島孝氏及びご支援者の皆さん。(社)国際建設技術協会の皆さん。ニューギニア航空日本支社の島田謙三氏、中川千春氏、小泉義元氏、石黒裕子氏。デザイン事務所クレストの賀部祥史氏。ポートモレスビーのボブ・ダリプリム氏、日本大使館の三宅喜久恵氏。ニューウェワクホテルの川畑静氏。鶴ヶ島市教育委員会の永井昌和氏。金子昭二氏、渡辺美知子氏、八坂圭氏をはじめとするポリトライブの皆さん。氷上太平洋戦史館の岩渕宣輝氏、花岡千賀子氏。パプアニューギニア政府観光局の福田淳夫氏。氷上町立植野記念美術館の八木甫瑳子氏およびスタッフの皆さん。入交産業の横田國正氏、岩井俊二氏。ハマモクの林忠幸氏。苓北水産企業開発の宇土雅典氏。歌手の影山ヒロノブ氏、バースデーソングの吉岡貴志氏、影山ヒロノブを囲む会(主催者田中泰樹氏、事務局坂本敦子氏)の皆さん。

画家の室山稔子氏。南部医院の関本嚴氏。包屯《ほうちゅん》の猪飼順治氏、猪飼泰子氏、日本の中のパプア・ニューギニアの掲載許可及び校正をいただいた方々。神原良信氏、高田昭二氏、三尾のり子氏、阿部信幸氏、小林茂樹氏をはじめとする旅の仲間の皆さん。博多祇園山笠綱場町の皆さん。旅の道連れの方々。花伝社の平田勝氏、杉浦真知子氏、末吉恵子氏。装幀家の真田裕子氏。寸暇を惜しんで頑張っている会社及びお付き合い先の皆さん。古くからの友人、親族それに家族。

55年前のポートモレスビー・コキマーケット。雰囲気は現在と同様だ（北豪での真珠養殖に行かれた際の宇土雅典氏）。

影山ヒロノブ氏
ハードロックシンガーでアニメ歌手。いつも元気をいただいています（撮影　バースデーソング）。

四歳時の亡父（右）
（昭和９年撮影）

子供が描く「しんしん」。

参考文献

サンゴ　不思議な海の動物　森啓（築地書館）
ワールドウォッチ研究所　地球白書２００１—０２　レスター・ブラウン編著（家の光協会）
ワールドウォッチ研究所　地球環境データブック２００１—０２　クリスタファー・クレイヴィン編著（家の光協会）
世界史の中のマラリア　一微生物学者の視点から　橋本雅一（藤原書店）
飛行機に乗ってくる病原体（響堂新　角川ｏｎｅテーマ21）
プロフェッショナルの条件　いかに成果をあげ、成長するか　Ｐ・Ｆ・ドラッカー著、上田惇生編訳（ダイヤモンド社）
スロー・イズ・ビューティフル　遅さとしての文化　辻信一（平凡社）
スローなビジネスに帰れ　ｅに踊らされた日本企業への処方箋　阪本啓一（インプレス）
中国が日本を超える日　日本経済新聞社編（日本経済新聞社）
コンビニ　ファミレス　回転寿司　中村靖彦（文春新書）
回転スシ世界一周　玉村豊男（世界文化社）
大泣きテコン銅メダル　岡本依子（幻冬社）
魚貝図鑑　田中喜一（第一出版）
日本さかなづくし　阿部宗明・末広恭雄（講談社）
祭りとイベント　小松和彦編（小学館）
祭りを推理する　祭りの陰の秘密を探る　柳沢新治（東洋書院）
現代ニッポン祭り考　松平誠（小学館）
日本の奇祭　合田一道（青弓社）
日本祭礼民俗誌　加藤健司（おうふう）
祭りの古代史を歩く　オフサイド・ブックス編集部編（彩流社）
祭りの文化人類学　森田三郎（世界思想社）
とんまつりＪＡＰＡＮ　みうらじゅん（集英社）
日本の神々と仏　岩井宏實監修（青春出版社）
すべての人の心に花を　喜納昌吉（双葉社）
博多祇園山笠　管洋志（写真）長谷川法世（講談社）
どんたく・山笠・放生会　井上精三（葦書房）
山笠の風　大庭宗一と博多の風の仲間たち監修（プランニング秀巧社）
踊れ！「ＹＯＳＡＫＯＩソーラン祭り」の青春　軍司貞則（文藝春秋）

よさこい祭り写真集　熱体　ファクトデザイン事務所（ファクトデザイン事務所）
日韓学生よさこいチームＪａｐａｒｅａｎの挑戦　友情は歴史を越えて　玉里恵美子編（南の風社）
だんじり祭　だん吉友の会（だん吉友の会）
お母さんのための子どもの発達講座　宇都宮襄治（花伝社）
ヒトはなぜ助平になったか　戸川幸夫（講談社文庫）
ヒトはなぜ子育てが下手か　戸川幸夫（講談社文庫）
きょうだいの研究　依田明（大日本図書）
男だって子育て　広岡守穂（岩波新書）
わが息子、娘のために　父親は何ができるか　ウェイン・W・ダイヤー著、鈴木健二訳（三笠書房）
子どもの心　石田一宏（花伝社）
父性の復権　林道義（中公新書）
子どもの世間　斎藤茂男編（小学館）
仕事一途人間の「中年こころ病」　高橋祥友（講談社＋α新書）
生き方上手　日野原重明（ユーリーグ）
肝臓病これで安心　鵜沼直雄（小学館）
自分の中に毒を持て　岡本太郎（青春文庫）
わが世界美術史　美の呪力　岡本太郎（みすず書房）
日本の伝統　岡本太郎（みすず書房）
今日の芸術　岡本太郎（光文社文庫）
「岡本太郎と縄文展」図録　ＮＨＫプロモーション、川崎市岡本太郎美術館（ＮＨＫプロモーション、川崎市岡本太郎美術館）
日本人は爆発しなければならない　日本列島文化論　岡本太郎・泉靖一（ミュゼ）
沖縄文化論　忘れられた日本　岡本太郎（中公叢書）
いま、生きる力　岡本敏子（青春出版社）
天鼓　小口大八の日本太鼓論　小口大八（銀河書房）
日本の太鼓、アジアの太鼓　山本宏子（青弓社　一九八七年）
パパラギ　はじめて文明を見た南海の酋長ツイアビの演説集　ツイアビ著、岡崎照男訳（立風書房）
山口昌男山脈　川村伸秀編（めいけい出版）
地名の世界地図　21世紀研究会編（文藝春秋）
世界地図から地名の起源を読む方法　辻原康夫（河出書房新社）
民博早わかり　梅棹忠夫（千里文化財団）
全国美術館ガイド　全国美術館会議編（美術出版社）

川口　築（かわぐち・きづき）

1958年　京都市生まれ

1981年　京都大学経済学部卒業後、某大手化学メーカーに入社。以後営業と企画管理の仕事に従事し、ライン、スタッフ両面の経験を持つ。

著書　『パプア・ニューギニア探訪記』（花伝社　1996年）
『パプア・ニューギニア』（花伝社　2000年）

旅は、全国都道府県を全て踏破した上で、ブラジル（アマゾン）、モロッコ、ジャマイカ、ベトナム、メキシコ、ギリシャ、トルコ他、世界各地に及ぶ。
また、パプア・ニューギニアで主に建築関係のボランティアを行うグループ「フレンズ・オブ・ＰＮＧ」に所属している。

フレンズ・オブ・ＰＮＧ
ホームページ：http//www.jah.ne.jp/~fpng
E-mail：fpng @ po.jah.ne.jp

パパとニューギニア

子供たちのパプア・ニューギニア
日本の中のパプア・ニューギニア

2003年5月6日　初版第1刷発行

著者 ―― 川口　築
発行者 ― 平田　勝
発行 ―― 花伝社
発売 ―― 共栄書房
〒101-0065　東京都千代田区西神田2-7-6 川合ビル
電話　03-3263-3813
FAX　03-3239-8272
E-mail　kadensha@muf.biglobe.ne.jp
http://www1.biz.biglobe.ne.jp/ ~kadensha
振替　00140-6-59661
装幀 ―― 真田裕子
カバー写真 ― 協力・ニューギニア航空
絵 ――― 八坂　圭
印刷 ―― 中央精版印刷株式会社

©2003　川口　築
ISBN4-7634-0399-0　C0036

花伝社の本

パプア・ニューギニア
—精霊の家・NGO・戦争・人間模様に出会う旅—
川口　築
定価（本体1700円＋税）

●パプア・ニューギニアに精霊の風が舞う
——超デジタルの世界へ
精霊の家＝ハウスタンバランを訪ね、日本の過去を訪ね、再び現代を訪ねる。異色のNGO体験記。精霊と慰霊をめぐる旅。

パプア・ニューギニア探訪記
—多忙なビジネスマンの自己啓発旅行—
川口　築
定価（本体1456円＋税）

●ちょっとパプアに触れてみた！
APEC加盟国「遅れてきた巨鳥」パプア・ニューギニア。多忙なビジネスマンの濃縮した自己啓発の記。旅が教えてくれた未知の国パプア・ニューギニア。そして日本との深い関係。戦争を知らない世代が「発見」した意外な歴史。

インドはびっくり箱
宮元啓一
定価（本体1500円＋税）

●インドはどこへ行く？
浅くしか知らなくとも、びっくり箱!!　かなり知っても、びっくり箱!!　多様性、意外性に満ちたインド。変化の中のインド。インド学者の面白・辛口批評。

さまよえるアフガニスタン
鈴木雅明
定価（本体1800円＋税）

●アフガニスタンはどんな国
厳しい自然環境と苦難の歴史をしぶとく生きてきたアフガンの人びと。混迷の出口はあるか。現地のなまなましい取材体験をもとに、知られざる国・アフガニスタンの謎を解く。著者は、読売新聞記者。

韓国社会意識粗描
——現代韓国人と社会——
水野邦彦
定価（本体2000円＋税）

●韓国を知るために
韓国の人々にとって社会とは何か？　韓国の人々は何を大切にしているか？　近代化の急速な進展のなかにあっても、強固な家族意識に深く組み込まれた現代韓国の人々の意識構造。目にみえない韓国を知るために。

ニューヨークの魂
鬼島紘一
定価（本体1500円＋税）

●壮絶なテロで傷ついた人々の魂。
ニューヨークは必ず復活する。絶望のアフガンにも希望が……。アメリカでの同時多発テロの発生によって、辛酸をなめた同時期のニューヨークとアフガンを舞台に、破壊と絶望から必死に立ち直ろうとする人々の生き様を描く。